AF453677

ANNÉE 1902-1903   N° 94

DU

TRAITEMENT MARIN

A

ROSCOFF

> L'eau de mer est un admirable médicament que l'on ne dédaigne qu'à cause de son abondance. Si par impossible le bassin des mers se tarissait et qu'il ne restât çà et là que quelques griffons de cette eau, les malades y courraient comme ils vont aux sources les plus en renom.
> J.-B. FONSSAGRIVES.

THÈSE POUR LE DOCTORAT EN MÉDECINE

présentée et soutenue publiquement le 30 Janvier 1903

PAR

Auguste-Joseph-Pierre-Camille FISTIÉ

Né à Morlaix (Finistère), le 13 juin 1879

Élève du Service de Santé de la Marine

Examinateurs de la Thèse :
MM. ARNOZAN	professeur....	Président.
COYNE	professeur....	
CASSAET	agrégé	Juges.
CAVALIÉ	agrégé.......	

Le Candidat répondra aux questions qui lui seront faites sur les diverses parties de l'Enseignement médical.

BORDEAUX

IMPRIMERIE DU MIDI. — PAUL CASSIGNOL

91, Rue Porte-Dijeaux, 91

1903

Faculté de Médecine et de Pharmacie de Bordeaux

M. DE NABIAS, doyen — M. PITRES, doyen honoraire.

PROFESSEURS

MM. MICÉ.................⎫
     DUPUY................⎬ Professeurs honoraires.
     MOUSSOUS...........⎭

MM.

	MM.		MM.
Clinique interne......	PICOT. PITRES.	Chimie............	BLAREZ.
Clinique externe.....	DEMONS. LANELONGUE.	Histoire naturelle ...	GUILLAUD.
		Pharmacie.........	FIGUIER.
		Matière médicale....	DE NABIAS
Pathologie et thérapeutique générales.	VERGELY.	Médecine expérimentale.............	FERRÉ.
Thérapeutique...	ARNOZAN.	Clinique ophtalmologique...........	BADAL.
Médecine opératoire.	MASSE.		
Clinique d'accouchements...........	LEFOUR.	Clinique des maladies chirurgicales des enfants............	PIÉCHAUD.
Anatomie pathologique..............	COŸNE.	Clinique gynécologique	BOURSIER.
Anatomie...........	CANNIEU	Clinique médicale des maladies des enfants	A. MOUSSOUS
Anatomie générale et histologie........	VIAULT.	Chimie biologique...	DENIGÈS.
Physiologie.......	JOLYET.	Physique pharmaceutique............	SIGALAS.
Hygiène...........	LAYET.		
Médecine légale.....	MORACHE.	Pathologie exotique.	LE DANTEC.
Physique biologique et électricité médicale	BERGONIÉ.		

AGRÉGÉS EN EXERCICE :

SECTION DE MÉDECINE (*Pathologie interne et Médecine légale.*)

MM. CASSAET.	MM. MONGOUR.
SABRAZÈS.	CABANNES.
HOBBS.	

SECTION DE CHIRURGIE ET ACCOUCHEMENTS

Pathologie externe	MM. DENUCÉ. BRAQUEHAYE CHAVANNAZ. BÉGOUIN.	Accouchements.	MM. FIEUX. ANDERODIAS.

SECTION DES SCIENCES ANATOMIQUES ET PHYSIOLOGIQUES

Anatomie........	MM. GENTES. CAVALIÉ.	Physiologie..........	MM. PACHON.
		Histoire naturelle.....	BEILLE

SECTION DES SCIENCES PHYSIQUES

Chimie............	MM. BENECH.	Pharmacie..........	M. DUPOUY.

COURS COMPLÉMENTAIRES :

Clinique des maladies cutanées et syphilitiques...........	MM. DUBREUILH.
Clinique des maladies des voies urinaires...............	POUSSON.
Maladies du larynx, des oreilles et du nez...............	MOURE.
Maladies mentales.............................	REGIS.
Pathologie interne.............................	RONDOT.
Pathologie externe	DENUCÉ.
Accouchements.............................	ANDÉRODIAS.
Physiologie.................................	PACHON.
Embryologie................................	PRINCETEAU
Ophtalmologie..............................	LAGRANGE.
Hydrologie et Minéralogie......................	CARLES.

Le Secrétaire de la Faculté : LEMAIRE.

A LA MÉMOIRE DE MES GRAND'PARENTS

———

A la mémoire

DE MA MÈRE ET DE MON PÈRE

A MES ONCLES ET TANTES

Je dédie ces quelques pages, heureux
que me soit donnée cette occasion de
les remercier publiquement de tout le
bien qu'ils m'ont fait, des sacrifices
incessants qu'ils se sont imposés pour
moi. Tout ce que je leur dois je ne
pourrai jamais le rendre. Qu'ils soient
assurés de la bonne volonté que j'ai
de leur prouver ma très profonde reconnaissance.

A mon Président de Thèse

MONSIEUR LE DOCTEUR ARNOZAN

PROFESSEUR DE THÉRAPEUTIQUE A LA FACULTÉ DE MÉDECINE
DE BORDEAUX
MÉDECIN DES HOPITAUX
OFFICIER DE L'INSTRUCTION PUBLIQUE

DÉFINITION ET DIVISION DU SUJET

Notre but n'est pas de présenter un travail achevé sur la question. Beaucoup plus modeste, il est simplement d'indiquer que plusieurs affections chroniques trouvent à s'améliorer par le traitement marin. Autre originalité de ce travail : il tente de relever les côtes de la Manche du discrédit jeté sur elles en ce qui concerne la cure de la tuberculose pulmonaire.

Cette étude, hélas ! est loin d'être rigoureusement scientifique ; sa valeur eût consisté en la donnée de bases sûres pour l'envoi à la mer et le mode de traitement à suivre d'un malade atteint de telle ou telle affection. Ce résultat, nous ne pouvions l'atteindre : outre le temps considérable, plusieurs années, croyons-nous, qu'exigeraient de telles conclusions à formuler, elles devraient encore s'appuyer sur l'examen d'un très grand nombre de malades. Or, cette thèse ne compte que douze observations ; aussi est-elle, dans notre esprit, destinée uniquement à montrer une voie encore peu battue à des praticiens qui, servis par des conditions qui nous ont manqué, feront là une étude fort intéressante, nous l'espérons, pour la souffrante humanité.

Voulant complet, dans la mesure du possible, l'exposé du traitement marin, nous n'omettrons rien de ce qui s'y rattache, ne faisant d'ailleurs que signaler ceux de ses emplois sur lesquels nous ne savons rien de personnel.

Nous éliminons la cure du rachitisme, de la syphilis des os, des tuberculoses externes, des manifestations scrofuleuses et lymphatiques qui, à l'heure actuelle, ne peut plus avoir que des partisans.

La question *hygiène* trouverait de grands développements aux articles *air marin, navigation, douches, bains de mer*; nous ne faisons que l'effleurer, son étude nous entrainerait trop loin.

Ces explications données, et ces excuses pour l'infériorité de notre travail, voici quelle en est la division : le premier chapitre est destiné à l'étude du climat marin; le second traite de l'hydrothérapie marine; les observations que nous avons recueillies forment le troisième; le quatrième, enfin, résume nos recherches bibliographiques sur l'emploi de l'eau de mer à l'intérieur.

M. le Dr Bagot nous a guidé de ses conseils et de son expérience. Il nous a grandement aidé dans l'étude de la climatologie de Roscoff; les observations que nous donnons lui appartiennent en partie : la plupart, roulant sur une période de deux ou trois ans, ne nous pouvaient être entièrement personnelles; il s'est mis, pour les compléter, à notre entière disposition. Qu'il daigne accepter nos sincères remerciements.

Nous sommes très sensible à l'honneur que nous fait M. le Prof. Arnozan d'accepter la présidence de notre thèse, et lui en exprimons notre vive reconnaissance.

CHAPITRE PREMIER

CLIMAT MARIN A ROSCOFF

Toute atmosphère marine, sur quelque plage qu'on l'étudie, présente des propriétés générales :

α) *Constance de la température :* La mer joue le rôle d'un réservoir de calorique pour l'hiver et d'un régulateur de la température, la chaleur restant comme emmagasinée dans les masses d'eau qui entourent les côtes. D'autre part, l'humidité dont la mer imprègne l'atmosphère voisine met obstacle au rayonnement nocturne, et rend ainsi peu étendues les variations nycthémérales. Ce caractère de constance se retrouve dans les températures saisonnières.

β) *Pression barométrique élevée,* le niveau des mers étant au-dessous de celui des continents.

γ) *Composition de l'air :* Les proportions relatives d'O, d'Az, de CO^2, d'ozone ne varient pas, mais sous un même volume l'air marin contient plus d'O que l'air terrestre, puisqu'il est plus condensé ; il est plus pur, exempt en partie de microbes et de poussières. D'aucuns ont attribué grande vertu curative aux senteurs balsamiques des plantes marines, à l'odeur du varech, aux émanations de brome et d'iode ; nous croyons qu'il y a là beaucoup d'exagération. Nous tenons au contraire pour positive la salinité de l'air marin niée par plusieurs auteurs : lorsqu'on se promène sur une plage d'où la mer se retire et sur laquelle donne le soleil, l'air s'imprègne d'une quantité de sel assez grande pour que la langue en retrouve la saveur sur les lèvres. Cette salinité peut être l'effet du déplacement mécanique de l'eau de mer par les vents (*the dust of Ocean*); elle peut être due à ceci : l'air tenu en dissolution par l'eau de mer s'en dégagerait sous l'influence du soleil, en conservant ses molécules mouillées d'eau marine. Quelle qu'en soit l'origine, cette salinité nous semble indéniable et nous croyons à l'absorption considérable de sel par les poumons d'un adulte en lesquels passent tous les jours 15 à 16.000 litres d'air marin.

Dans tout climat de mer ces éléments se retrouvent; mais ils peuvent être, au point de vue quantitatif, modifiés par nombre d'influences : exposition de la plage, élévation et direction de collines voisines, constitution du sol, végétation, voisinage d'embouchures de fleuves, présence de sables, vases, marais. De l'action de ces influences variées dépend la physionomie propre d'une plage.

Nous allons détailler ces notions dans l'étude du climat de Roscoff, petite ville située sur la Manche, à l'extrémité de la pointe la plus avancée au nord du Finistère.

Le gulf-stream baigne ses rivages et lui apporte un reflet de la chaleur des tropiques; à 2 kil. 1/2 au Nord émerge l'île de Batz, qui protège Roscoff contre les vagues du large, abri prolongé à l'Est par une ceinture de rochers. Grâce à cette disposition, la mer, entre Batz et Roscoff, forme une sorte de lac peu agité et qui, peu profond, s'échauffe davantage aux rayons du soleil et maintient dans l'air une température plus élevée. Le sol absorbe immédiatement les pluies, si abondantes soient-elles, d'où absence de marais.

Pendant cinq à six mois on y jouit d'un climat fort agréable, et cela juste au moment où la chaleur excessive chasse les malades des stations méridionales. L'année météorologique à Roscoff se divise en deux parties : la *mauvaise saison*, du commencement d'octobre à la fin d'avril, caractérisée par des pluies fréquentes et des tempêtes avec vents violents;

la *belle saison*, qui va du 1er et surtout du 15 mai jusqu'en octobre.

TEMPÉRATURE

L'observation des feuilles météorologiques de 1889 à 1899, donne les résultats suivants :

A Roscoff, on ne constate jamais de grands froids, rarement le thermomètre atteint le zéro, la neige est presque inconnue. (Autre preuve de la douceur du climat de cette localité : on y trouve en pleine terre des aloès des Barbades, des mésembryanthèmes, des camélias magnifiques; les champs produisent des légumes variés au milieu même de l'hiver.)

Les moyennes des températures mensuelles, pour cette période de dix années, sont :

Janvier	6°	Mai..........	11°7	Septembre....	14°8
Février	6°2	Juin	14°3	Octobre	11°6
Mars..........	7°8	Juillet	16°2	Novembre	9°5
Avril	9°7	Août..........	16°2	Décembre.....	7°1

la différence entre les extrêmes, août et janvier, étant seulement de 10°2.

Mais les moyennes à elles seules n'ont qu'une valeur relative, car elles peuvent être obtenues à l'aide de nombres fort éloignés les uns des autres. Il faut donc analyser de plus près les chiffres qui par leur ensemble fournissent ces moyennes mensuelles générales.

En comparant :

    les moyennes des mois correspondants de chaque année,

    les températures journalières,

    les chiffres quotidiens pris à diverses heures de la journée,

on arrive aux conclusions suivantes :

Si, pendant cette période de dix années, on compare les moyennes données ci-dessus à la moyenne réelle du mois correspondant dans une année quelconque, l'écart en plus ou en moins est d'ordinaire insignifiant, parfois de 1° à 1°5, rarement de 2° dans certains mois d'hiver. De même les écarts d'un jour à l'autre, à toute époque de l'année, sont peu marqués : souvent on trouve plusieurs jours de suite la même moyenne ; la différence entre la moyenne journalière la plus faible et celle la plus forte d'une même mois atteint parfois 3°, mais n'arrive à 4° que dans des cas exceptionnels. Enfin l'écart des diverses températures d'une même journée à la moyenne journalière correspondante, ainsi que l'écart entre le minimum et le maximum des vingt-quatre heures sont également peu prononcés. Les heures les plus chaudes du jour jouissent d'une température modérée : 8°5 à 10° en hiver, 18° à 20° en été.

Ces considérations, basées sur des chiffres précis, établissent donc que Roscoff jouit d'une température stable, à oscillations lentes, à extrêmes modérés. C'est un climat doux et constant, où les changements brusques de température sont très rares, surtout en la belle saison. Ces faits ont une grande importance clinique, car les variations brusques dans une même journée sont bien plus dangereuses que les variations lentes des saisons. L'économie habituée à une certaine température moyenne variable avec chaque saison supporte mal un abaissement subit qui la surprend. Aussi le moindre refroidissement enrhume plus vite en été qu'en hiver ; de même, vers la fin de septembre, on ressent davantage les premiers abaissements de température, et on doit prendre de grandes précautions contre les premiers froids.

HUMIDITÉ

Elle comprend plusieurs éléments que nous allons successivement étudier :

α) *Hygrométrie.* — La quantité de vapeur d'eau contenue dans l'air est considérable, l'hygromètre oscille entre 83 et 86 0/0. Cette humidité au-dessus d'un sol perméable comme celui de Roscoff ne doit pas être cru nuisible à la santé : elle rafraîchit l'air, atténue les changements brusques de

— 15 —

température qui peuvent se produire au coucher du soleil, diminue le rayonnement nocturne et rend aux couches atmosphériques voisines du sol une partie de la chaleur absorbée pendant le jour; il en résulte le peu d'étendue des variations nycthémérales.

β) *Brouillards*. — Trois ou quatre par mois pendant la belle saison, qui débutent dans la seconde moitié de la nuit et à huit ou neuf heures du matin sont dissipés. Très rarement, vers la fin de l'après-midi, se produit un brouillard momentané qui semble en rapport avec les marées.

γ) *Pluies*. — Nous ne citons pas, pour ce qu'ils sont fastidieux et par suite rarement lus, les chiffres et les tableaux relatifs à la pluviométrie de Roscoff ;nous n'exposons que les conclusions, basées d'ailleurs sur des données très précises. Pendant la belle saison, il n'y a guère plus de trois journées par mois qui soient complètement pluvieuses, empêchant toute sortie pour les malades; trois ou quatre fois le temps est passable, permettant de sortir au moins une partie de la journée; six à sept fois on observe une averse de courte durée ou bien un peu de brouillard matinal qui rafraîchissent l'air et tempèrent les chaleurs de l'été. Nous devons dire un mot des pluies nocturnes : il en tombe une à trois par mois de belle saison; Lalesque leur attribue une grande importance. Elles relèvent la température de la nuit par l'apport de calorique et l'uniformisent par la suppression du rayonnement du sol; elles mettent donc les malades à l'abri des variations brusques de température et permettent l'aération continue sans aucun danger.

δ) *Orages*. — D'effet si pénible sur certains organismes, ils sont rares à Roscoff; au maximum on y trouve dans la belle saison quatre ou cinq survenant habituellement le soir et dont la durée ne dépasse guère une heure ou deux.

VENTS

Leur étude importe beaucoup au point de vue médical, car ils règlent la température de l'atmosphère, son humidité ou sa sécheresse, et déterminent en partie les sensations que nous fait éprouver l'air extérieur. Leur action est énergique sur l'appareil respiratoire : ils facilitent l'aération et l'évaporation pulmonaires, enlèvent du calorique à notre corps. De plus, la salubrité d'un pays dépend en grande partie de l'aération ; les divers courants dont l'air est incessamment brassé modifient l'humidité et la chaleur.

La situation géographique d'un lieu donné influe beaucoup sur la direction des vents. Les brises sont fréquentes au bord de la mer par suite des inégalités de température entre les surfaces marine et terrestre ; elles sont d'autant plus sensibles que le climat est plus chaud.

α) *Direction*. — Toute l'année, les vents les plus fréquents et surtout les plus réguliers sont ceux de S.-O. et N.-E. ; ceux de N.-O. et S.-E. soufflent souvent en hiver et en automne, tandis que les vents de N.-E. prédominent au printemps, et ceux d'O. en été.

Si, tenant compte des caractères tout divers des vents selon qu'ils soufflent de la moitié E. ou de la moitié O., on détermine leur fréquence dans chaque mois par rapport à la ligne N.-S., on trouve :

En janvier, février, ils soufflent aussi souvent d'E. que d'O ; en mars, ceux d'O. prédominent ; en avril et mai, il y a de nouveau presque équivalence.

En juin, juillet, août, septembre, les vents d'O. sont successivement 1 fois 1/2, 2 fois, 4 fois, 1 fois 1/2 plus fréquents que ceux d'E.

En octobre, novembre et surtout décembre, les vents O. prédominent nettement. Nous verrons bientôt la grande importance de ces faits.

β) *Force*. — Modérés en été, ils soufflent violemment en hiver. Il est rare qu'il n'y ait pas au moins une brise légère et agréable dans les journées les plus chaudes.

γ) *Caractères*. — En hiver, les vents O. et S.-O. qui viennent de passer sur l'Atlantique sont chauds et humides ; leur apparition se signale par une élévation du thermomètre et souvent de la pluie. Les vents E. et N.-E. sont très froids et très secs : ils nous arrivent de continents glacés : Nord de l'Allemagne et de la Russie, Suède, Norvège. Quand, en hiver, le passage se fait de l'O. à l'E., la température baisse de 4 à 5°, et le temps devient sec et beau.

Bien tranchés jusqu'en mai, ces caractères tendent en été à la confusion ; le soleil échauffe davantage les continents et l'atmosphère, d'où fraîcheur relative des vents de mer, O. et S.-O., les vents E. et N.-E. prenant une température plus élevée. Les changements de direction ne produisent donc plus, comme en hiver, des modifications notables du thermomètre. Seule persiste au vent de N.-E la sécheresse spéciale qui le rend si pénible aux arthritiques et aux nerveux, mais nous avons dit la grande rareté de ce vent pendant la belle saison.

δ) *Variations.* — Ne rencontrant aucun obstacle élevé, les vents sont à Roscoff très uniformes. Pendant l'été, ni coups de vents ni vents tournants, d'où grande sécurité pour le canotage. Fréquentes au printemps et en hiver, les sautes de vents sont rares en été, où il n'y a guère que des variations dans la force.

SOLEIL ET LUMIÈRE

Jusqu'à huit heures du matin, le ciel est en général plus ou moins couvert, circonstance qui a d'heureux effets ; le moment le plus froid de la nuit, aux environs du lever du soleil, varie suivant la saison, mais surtout suivant l'état du ciel ; la baisse est d'autant plus prononcée que le ciel est plus pur ; un ciel couvert, en s'opposant au rayonnement nocturne, diminue le refroidissement et contribue à l'égalisation nycthémérale.

Si nous cherchons le nombre de journées où le soleil brille depuis huit heures du matin jusqu'à son coucher, nous trouvons :

Hiver...... 13 belles journées par mois + 3 demi-journées.

Printemps.. 18 — — + 4 —

Eté........ 20 — — + 5 —

Automne... 12 — — + 4 —

Pour ce qui est de la luminosité, disons simplement qu'elle produit une excitation agréable et légèrement stimulante, sans être trop vive ; son manque de violence permet au spectacle magnifique de la mer, plaisir et délassement des sens, de n'aboutir jamais à la fatigue.

PRESSION BAROMÉTRIQUE

Elevée comme toujours sur le bord de la mer, ses extrêmes à Roscoff sont 759^{mm}3 et 763^{mm}9, avec une moyenne de 762^{mm}6 pour les cinq mois de belle saison.

QUALITÉS SPÉCIALES DE L'AIR

La situation de Roscoff à l'extrémité d'une pointe de terre avancée dans la mer explique que l'air y soit d'une grande pureté. Au voisinage, pas de marais, pas d'agglomération considérable d'habitants, pas de grande ville industrielle. A la purification atmosphérique contribuent aussi les brises marines aidées par les pluies qui abattent les poussières.

Enfin, si les émanations balsamiques ont un effet direct sur l'organisme, elles le remplissent bien ici, où les révèle l'odorat sur les longues grèves, découvertes par de fortes marées, très riches en varechs et en herbes marines que viennent tour à tour baigner la mer et le soleil.

Rappelons la salinité de l'atmosphère et disons l'absence de poussières et de tourbillons de sable, si pénibles pour les yeux et les bronches.

Si l'on se reporte à la magistrale étude du docteur Lalesque sur Arcachon, on voit qu'il est de grandes analogies, au point de vue climatérique, entre les deux localités ; mais le séjour, indiqué à Arcachon du 1er septembre au 31 mai, l'est à Roscoff du 1ᵉʳ mai à la fin de septembre. N'oublions pas la richesse de l'une, la pauvreté complète de l'autre en forêts de pins maritimes, dont le rôle, au dire de Lalesque, est multiple : agents d'assainissement, de préservation contre les vents, régulateurs de la température et de l'humidité, purificateurs de l'air, voire curateurs directs par leurs émanations de térébenthine.

Nous voilà connus les éléments divers du climat de Roscoff ; il nous reste à étudier leurs effets sur l'organisme.

CLIMATOPHYSIOLOGIE

Disons tout d'abord le rôle préservatif considérable joué par les stabilités thermo et hygrométriques d'un tel climat envers les maladies *a frigore* produites non par le froid, mais par les variations brusques de température.

Après avoir étudié l'influence que subissent nos diverses fonctions, nous verrons les effets généraux produits sur un organisme sain ou malade, puis nous indiquerons les inconvénients possibles de la climatothérapie marine et les façons diverses de l'employer.

RESPIRATION

Elle subit l'influence :

α) *De l'air marin* qui agit par sa pureté et ses effluves odorants : l'impression agréable produite par celles-ci sur la pituitaire amène une dilatation plus grande des narines, d'où réflexes respiratoires et inspirations plus profondes ;

β) *De la température extérieure* dont l'action sur le poumon est très énergique : elle règle la chaleur animale, la perte de calorique, les échanges par le poumon et la peau avec le milieu ambiant.

D'expériences faites par des médecins de marine, il résulte que le séjour dans un climat à 25°-28°, après une excitation passagère, entraine un alanguissement de toutes les fonctions; la respiration est plus fréquente, mais moins profonde; la capacité respiratoire est plus faible sous les tropiques que dans un climat tempéré où l'on observe un chiffre moindre, mais une amplitude plus grande des mouvements respiratoires. L'activité pulmonaire se modifie dans un rapport inverse avec la température extérieure.

D'autre part, chez l'homme, à une température voisine de 15°2, la quantité d'air expiré et de CO^2 fournie est de 1/6 plus grande que sous l'influence d'une chaleur modérée (24°) (Vierordt).

Donc, pour réaliser les conditions optimes de fonctionnement de notre organisme, l'air extérieur doit posséder une température voisine de 15° à 18° C; or c'est la moyenne de Roscoff en été, ce qui rend son climat éminemment favorable à la fonction respiratoire, car il n'exige pas d'adaptation pénible. Autre avantage de cette température modérée : ne dilatant pas l'air, elle contribue, avec la pression atmosphérique, à fournir aux poumons un air plus condensé; cette augmentation relative d'O est encore favorisée par ce que la vapeur d'eau, possédant une tension moindre à une température modérée, ne prend pas la place d'air respirable, comme il arrive au bord de la mer dans les pays plus chauds.

γ) *Des vents* : ils agissent par leur tiédeur, leur humidité, leur froideur ou leur sécheresse. Une brise modérée, fouettant les narines et le visage, excite les réflexes pulmonaires, renouvelle rapidement l'air pur, active l'évaporation des poumons et de la peau, par suite stimule vivement tout l'organisme, surtout la respiration. Les vents violents ont une action excitante et énervante, mais ils sont rares en été à Roscoff, où règnent les vents humides, sédatifs.

δ) *De l'humidité*: elle tient un rôle considérable dans le jeu de l'appareil pulmonaire, rôle souvent mal apprécié parce qu'on a étudié l'humidité sans tenir compter d'autres facteurs météorologiques. Un excès d'humidité est aussi nuisible aux poumons qu'un excès de sécheresse : le premier entrave l'évaporation pulmonaire, le second l'active outre mesure, d'où congestions faciles chez les valétudinaires des bronches. Mais cette évaporation des poumons n'est pas toujours entravée au bord de la mer : il faut faire la part d'un second élément, la température, qui intervient comme correcteur de l'humidité (un climat est très malsain, qui est est à la fois chaud et humide). L'air que nous expirons, s'étant mis dans nos poumons en équilibre avec notre chaleur intérieure, sort à une température presque toujours la même ; d'autre part, il est presque saturé de vapeur d'eau et en contient toujours à peu près la même quantité, quelle que soit la température de l'atmosphère. L'activité de l'évaporation pulmonaire dépendra donc surtout de la quantité de vapeur d'eau qui entre, l'air sortant en contenant une quantité à peu près constante. Et si l'air extérieur, en le supposant saturé, possède une température modérée, il sera susceptible, en s'échauffant dans les alvéoles, de prendre encore une grande quantité de vapeur d'eau avant de quitter le poumon. D'un autre côté, une humidité modérée entraîne un dégagement d'acide carbonique plus abondant qu'un air sec, sans doute parce qu'elle provoque des inspirations plus profondes.

Concluons qu'à Roscoff l'humidité relative de l'air n'empêche nullement l'activité de l'évaporation des poumons, mais s'oppose à l'exagération de ce phénomène et donne ainsi au climat de remarquables propriétés sédatives.

ε) *De la pression barométrique :* nous avons dit la richesse plus grande en O de l'air marin par suite de la pression élevée. Quelque légère que paraisse la différence au premier abord, elle ne laisse pas que d'être appréciable pour 25 ou 26.000 inspirations par jour, d'un demi-litre chacune environ. En outre, les inspirations sont plus profondes, le déplissement des vésicules plus complet et s'exécute passivement, sans effort. Faits de grande importance, car la fréquence des inspirations ne compense pas leur faible amplitude : une respiration de un demi-litre renouvelle mieux l'air des poumons que deux inspirations de 300 centimètres cubes chacune (Gréhant).

Enfin l'hématose est plus facile, O et hémoglobine se combinant d'autant mieux que la pression est plus élevée.

En résumé, la haute pression joue un rôle sédatif, puisqu'elle ralentit la respiration, et fortifiant, puisqu'elle est cause d'une oxygénation plus active des globules.

φ) *De la lumière et de l'espace :* par son action sur la rétine, et par suite sur le cerveau, la lumière provoque des réflexes utiles au fonctionnement respiratoire. On sait que l'attaque d'asthme est souvent atténuée ou dissipée par la lumière.

On respire plus à l'aise, plus largement, la poitrine semble plus librement se dilater quand on a devant soi l'étendue immense de la mer.

Tout est donc réuni à Roscoff pour faciliter et stimuler le jeu des poumons, sans les fatiguer, par les respirations plus profondes, plus lentes, plus faciles d'un air riche et pur. Aussi ne doit-on pas s'étonner de trouver, au bout de quelques jours seulement, une hématose plus parfaite, un relèvement de l'état général, auquel contribue l'élimination plus active, par l'évaporation pulmonaire, des toxines volatiles.

CHALEUR ANIMALE

L'organisme humain résiste bien mieux au froid qu'à la chaleur. Si nous considérons la température de 15° à 18° C comme fournissant à notre organisme le maximum de facilité, une augmentation de 10° (28°) sera pénible à supporter pendant longtemps et entraînera une langueur de toutes nos fonctions ; une diminution de 10° (8°) au contraire nous fera peu souffrir.

Le climat de Roscoff, où l'écart annuel ne dépasse pas 10°, jouit de propriétés toniques, légèrement excitantes, sans nécessiter aucun effort d'adaptation exagérée, même en

hiver. Il provoque une augmentation légère de la thermo-
génèse et stimule toutes les fonctions sans les épuiser par un
effort trop violent ou trop prolongé.

CIRCULATION

D'après les médecins de la marine, dans les climats chauds
le chiffre des pulsations augmente : les vaisseaux superfi-
ciels étant dilatés, le cœur bat plus fréquemment parce
qu'il a moins de résistance à vaincre. Mais la tension arté-
rielle est diminuée, quoique semble exagérée l'élasticité des
parois vasculaires. Le pouls est plus fréquent, mais les battements sont mous, sans résistance. Dans les climats tem-
pérés, le cœur bat plus lentement, la tension est légèrement
augmentée. L'élévation de la pression atmosphérique contribue à ralentir le cœur.

D'autre part, la plus grande profondeur de l'inspiration
forme une gymnastique spontanée utile pour activer la circulation pulmonaire, faire appel, par suite du vide produit,
à la circulation veineuse générale, et en fin de compte faciliter
le travail du cœur.

Plusieurs fois l'influence sédative du climat de Roscoff sur
la circulation a été constatée chez des malades atteints d'une
légère insuffisance cardiaque. On sait d'ailleurs l'influence
des mouvements respiratoires sur la facilité avec laquelle le
le sang arrive au cœur ou s'en échappe.

DIGESTION. ASSIMILATION. NUTRITION

Ici, l'influence est remarquable de la température am-
biante. En été, l'appétit disparaît, les digestions sont languis-
santes, les selles irrégulières, le mouvement nutritif se
ralentit, surtout dans le cas de chaleur humide. En hiver,
l'inverse se produit : il y a suractivité des fonctions digestives et assimilatrices.

A Roscoff, à l'influence d'une température modérée, légère-

ment stimulante et d'un air toujours vif, s'ajoute la suractivité imprimée aux autres fonctions : toutes sont solidaires
et se doivent mettre à l'unisson. L'activité plus grande de la
respiration, l'oxygénation plus intense, l'augmentation d'activité des échanges nutritifs, la production de chaleur animale, entraînant un surcroît de dépenses, réclament impé-
rieusement des recettes correspondantes, d'où rapide excitation de l'appétit. Ces raisons, qui activent nos fonctions
digestives, stimulent également la vie cellulaire, rendent
plus aptes nos cellules à transformer les aliments en leur
propre substance.

Enfin, sous l'influence de l'atmosphère marine, il y a
meilleure utilisation des aliments — et combustions plus
parfaites — comme le prouvent l'augmentation de l'urée et
la diminution relative de l'acide urique. Les impressions
psychiques développées par la vue de la mer produisent une
action dynamogénique se traduisant par la joie de vivre et
l'exaltation des fonctions nutritives. C'est un coup de fouet
donné à toutes les mutations cellulaires.

PEAU

Elle subit l'influence de l'humidité qui atténue la perte de
calorique par radiation, et de la lumière qui, par ses divers
rayons lumineux, calorifiques et chimiques, produit ce hâle
particulier si commun au bord de la mer.

SYSTÈME NERVEUX. SENS

Nous avons vu les réflexes respiratoires d'origine nasale
et rétinienne. Disons les sensations de l'ouïe qui contribuent
à reposer et à tonifier le système nerveux dans la ville pai-
sible qu'est Roscoff. Vis-à-vis de lui l'humidité joue aussi un
rôle sédatif : elle le détend et prévient l'insomnie.

Soumis à toutes ces influences heureuses, un sujet sain
éprouve au bout de quelques jours une sensation d'entrain,

de bien-être, de plus grande intensité de vie, d'augmentation des forces, un besoin inaccoutumé d'activité physique et intellectuelle. L'appétit augmente, le sommeil est plus calme, plus réparateur.

Mais il n'en est pas toujours ainsi, et l'air marin est passible de provoquer une fatigue dont on peut distinguer plusieurs formes : chez un individu sain elle se traduit par une courbature disparaissant en vingt-quatre heures ; la fatigue *nerveuse* devient de la neurasthénie; la fatigue *digestive* s'accompagne d'anorexie et d'embarras gastrique; chez les arthritiques, on peut assister à un accès de goutte, à une crise néphrétique, à une poussée de congestion pulmonaire.

Aux vrais malades, l'air de la mer peut être redoutable : ainsi dans l'asthme, l'emphysème, la tuberculose, l'angine coronarienne.

L'explication de ces accidents réside dans l'action excitante et énervante du vent; dans les sensations suivies de vertiges produites sur la rétine et le tympan par la vue et le bruit sourd des grosses lames, qui agissent tout comme les manèges de chevaux de bois et les montagnes russes. On comprend dès lors la rareté de ces accidents à Roscoff où nous avons dit l'absence de vents violents et de fortes vagues.

Il est encore une raison aux accidents des arthritiques : Chez eux, l'air marin agit comme tous les excès, en produisant une hyperacidité des humeurs, que Gautrelet a constatée chez les individus nouvellement arrivés au bord de la mer. Ils devront donc prendre de grandes précautions, éviter les plages où la mer est agitée et bruyante, sauf aux cas d'acclimatement antérieur ou de prédisposition individuelle.

Le traitement par le climat marin peut s'appliquer d'une façon passive, *aération continue*, ou active, *pêches et voyages en mer*.

Aération continue. — Elle comprend le *séjour sur les plages* dans la journée et l'*aération nocturne*. Le séjour sur les plages est une cure d'immobilisation; on doit éviter au

malade la fatigue d'une position longtemps conservée la
même, se munir de sièges très commodes, prendre des précautions contre le soleil, la pluie, le vent, le refroidissement;
enfin procurer au malade des distractions et lui éviter la
solitude.

Le séjour sur les plages est complété par *l'aération
nocturne* dont l'utilité est grande : pendant le sommeil la
respiration semble moins active, il y a une diminution
notable de l'exhalation pulmonaire, mais, par contre, augmentation de l'O absorbé (Pettenkofer et Voit). La nuit nous
réparons nos forces, nous brûlons les toxines accumulées
dans nos tissus pendant la veille et en rejetons, par la respiration, une partie à l'extérieur. En même temps il nous
faut emmagasiner une certaine quantité d'O, sorte de réserve
pour le jour suivant. L'importance de l'aération nocturne de
la chambre à coucher est donc considérable : elle remplace
un air vicié et mille fois ruminé par de l'air toujours pur,
source de forces nouvelles. Cette méthode est partout facilement applicable; ses seules contre-indications sont des
pluies torrentielles ou des vents soufflant en tempête. Le
froid n'en est pas une : à Davos les malades dorment la
fenêtre ouverte par 20° au-dessous de zéro et s'en trouvent
bien. D'ailleurs dans les appartements la température est
toujours plus élevée qu'au dehors, et ses modifications s'y
font sentir avec moins d'énergie et de rapidité. La progression
est cependant indispensable chez les malades délicats : on peut
d'abord ouvrir la fenêtre d'une chambre communicante ou
bien, s'il y a fenêtre double, ouvrir l'intérieure laissant l'extérieure fermée, puis, ouvrant celle-ci, offrir à l'air du dehors un
passage de plus en plus large ; la fenêtre peut être grand'ouverte au bout de huit jours. S'il existe des persiennes, il suffit
d'ouvrir sa fenêtre en laissant les persiennes fermées On
doit à l'aide de paravents, rideaux, éviter les courants d'air
directs sur le lit. Si on craint le froid, se couvrir les épaules
et la poitrine. Quelle doit être l'exposition des chambres ? En
hiver, à Roscoff, il faut éviter l'exposition à l'Est, et surtout

au Nord-Est, car les vents de cette direction sont très secs et très froids ; en été, la contre-indication est moindre et toutes les expositions sont bonnes, sauf au Nord, car la chambre ne recevant jamais de soleil est froide et désagréable à habiter. Pendant le jour, en l'absence du malade, l'aération de la chambre à coucher doit être intense, ses fenêtres largement ouvertes pour permettre un bain de soleil aussi prolongé que possible. Dernières indications : éviter les appartements dont les fenêtres ouvriraient sur une cour infecte, une prairie marécageuse, une rue très fréquentée, des avenues poussiéreuses ou des plages à sable sec que le vent soulève en tourbillons, tous inconvénients inconnus d'ailleurs à Roscoff. D'après miss Niglitingale, les brouillards ne sont pas une contre-indication, et elle insiste sur l'excellence de l'aération nocturne même dans son pays brumeux.

Employée sans à-coups, sans violence, l'aération nocturne ne peut qu'être utile dans toutes les maladies. Elle tend à devenir une mode, excellente d'ailleurs, même dans le monde extra-médical, et les gens qui la pratiquent vantent le calme du réveil, l'impression de bien-être, l'absence de lourdeur de tête qu'elle procure, et sa prophylaxie à l'égard des rhumes. D'aucuns l'emploient comme pratique d'endurcissement, hiver comme été, malgré vents, neige et tempêtes.

L'*application active* de la cure d'air marin comprend les promenades au bord de la mer, l'escalade des rochers, les jeux divers sur la grève, la pêche aux crevettes, aux crabes, aux coquillages, voire l'étude de la faune et de la flore marines. La navigation sur les côtes est plus fatigante, si l'on prend part au maniement des rames, de la voile ; mais ici nous touchons à la question sports qui n'est pas du cadre de cet ouvrage. La navigation de plaisance, qui amène le calme de l'esprit et le repos du corps, produit des résultats heureux dans la cachexie des grandes villes, le lymphatisme, la chlorose. On doit l'éviter chez les vrais malades et chez les femmes enceintes dont le mal de mer peut provoquer l'avortement.

Disons à ce propos que la naupathie a été employée comme moyen thérapeutique dans les maladies du foie et des canaux biliaires, dans les coliques hépatiques et rénales, où son action favorable serait due aux vomissements répétés qu'elle provoque ; dans les dysenteries, les diarrhées chroniques qui seraient améliorées par les mouvements que l'oscillation du navire communique à la masse intestinale ; enfin dans certains cas de névroses et de vésanies, où l'on a proposé de la remplacer par des balançoires, dont l'usage est moins coûteux et plus à portée de tous.

CHAPITRE II

———

HYDROTHÉRAPIE MARINE

———

Elle se divise en hydrothérapie naturelle et en hydrothérapie artificielle (bains de mer chauds, eaux-mères marines, douches, bains de sable, bains de vase).

HYDROTHÉRAPIE NATURELLE

C'est l'étude des bains de mer froids ; connus depuis que le monde existe, ils n'ont guère été employés à titre médical que dans la seconde moitié du xviiie siècle, en Angleterre et en Allemagne. Ils présentent à étudier plusieurs points intéressants :

TEMPÉRATURE

Elle se rapproche de l'air, mais, tandis que la surface de l'eau a une température variable selon les influences extérieures, celle des couches profondes ne change pas (15° environ). Le matin et le soir la température de l'eau de mer est égale à celle de l'air, à midi et à minuit elle lui est supérieure.

DURÉE ET NOMBRE DES BAINS

Les premiers bains doivent être courts, deux minutes au plus, puis on les prolonge d'une façon progressive jusqu'à vingt minutes chez les adultes, huit minutes chez les enfants. Ils doivent être d'autant plus courts que le malade est plus délicat, la température de la mer plus basse, l'eau plus agitée. Les individus sains, eux-mêmes, ne doivent pas rester à l'eau après le deuxième frisson. Si on tient à prendre deux bains par jour, qu'ils soient aussi éloignés que possible l'un de l'autre. Chez les chloro-anémiques et les névropathes, on peut donner un bain le matin et une douche le soir.

Chez les gens irritables et sanguins, il est prudent d'interrompre les bains un jour par semaine.

· Il faut éviter de rentrer dans l'eau et d'en sortir à plusieurs reprises, surtout si l'on est sujet aux migraines.

HEURES LES PLUS FAVORABLES

Chez les enfants, c'est après le premier déjeuner, car si on les baigne à jeun ils réagissent mal. Pour les adultes, au contraire, le meilleur moment est le matin à jeun ; le bain est plus froid, mais bien plus salutaire. Pas de bain pendant la digestion.

Laquelle des marées est la plus favorable, la montante ou la descendante ? Certains auteurs disent que la marée montante entraîne avec elle des matières vaseuses, animales et végétales, en putréfaction, que par suite la marée descendante, plus chaude et plus pure, est indiquée. Mais si la quantité de ces matières entraînées est suffisamment grande pour salir la mer, on n'en sera pas débarrassé au reflux, et ce n'est pas une raison, croyons-nous, pour se priver de ce puissant élément d'excitation que constituent les lames de la marée montante.

PRÉCAUTIONS

Les gens délicats ne doivent se baigner que le surlendemain de l'arrivée à la mer ; pendant deux jours ils se feront des lotions dont on abaissera graduellement la température.

Avant d'aller à l'eau, on doit se donner de l'exercice pour éviter le froid. Il est un préjugé très répandu qui consiste, lorsqu'on est en sueur, à attendre, assis sur la plage, que la transpiration soit terminée; on s'expose ainsi à un refroidissement considérable ; une fois à l'eau on ne peut plus se réchauffer, on frissonne, on grelotte, et le bain manque de tout agrément, quand il n'expose pas à des accidents graves. Quel que soit le degré de sudation, on peut se précipiter à l'eau sans crainte aucune.

On doit se déshabiller promptement, se jeter à la mer sans hésitation et tant qu'on est à l'eau prendre de l'exercice, mais sans trop de fatigue. Certains enfants ont une peur horrible de la mer, on ne doit pas les y plonger de force (on s'exposerait à des accidents nerveux), mais les habituer peu à peu. Chez des aliénés, ces plongeons forcés auraient donné de bons résultats.

En sortant de l'eau les gens vigoureux ne doivent pas s'essuyer, la réaction produite par le bain dure bien plus longtemps. Une courte promenade, un peu d'exercice sont indiqués. Les gens faibles et délicats doivent s'essuyer et par tous les moyens favoriser la réaction qui gagnera ainsi en intensité ce qu'elle perd en durée (frictions, absorption de boissons chaudes, etc.). La pédiluve est à supprimer qui limite la réaction aux membres inférieurs.

La conduite du malade pendant et après le bain est à bien observer; on en peut tirer des indications pour l'avenir.

LAMES

La mer présente des mouvements en nappe (courants), en ondes (houles), de projection (lames ou vagues qui diffèrent les unes des autres par leur hauteur, leur longueur et leur durée). Ces dernières jouent un rôle important d'excitation ; elles font l'effet de frictions et de massage ; si elles sont fortes, elles obligent le baigneur à une gymnastique de tout le corps pour garder l'équilibre. Très violentes, elles peuvent amener des troubles du système nerveux.

EFFETS PHYSIOLOGIQUES IMMÉDIATS

L'eau de mer agit par sa température, sa densité, sa composition chimique, ses lames, et peut-être par l'absorption cutanée des sels qu'elle contient. Analysant l'effet du bain froid sur l'organisme, nous trouvons d'abord une période de *concentration* : à l'entrée dans l'eau, un frisson a lieu qui ne tarde pas à disparaître pour revenir après un temps variable (deuxième frisson) ; puis se produisent des crampes, des convulsions des membres et des mâchoires. La peau devient pâle, rugueuse, en chair de poule ; une congestion au contraire se porte vers les organes internes, qui peut amener des vertiges, des palpitations, des quintes de toux. La rétraction du scrotum est considérable ; la respiration est entrecoupée, irrégulière ; le pouls petit et fréquent ; on est en proie à de la suffocation, à de la constriction du thorax, de l'épigastre et de l'abdomen.

Basant une échelle de tolérance individuelle sur l'intensité de l'impression ressentie et sur le temps qui sépare le deuxième frisson du premier, on en peut tirer des conclusions pour la durée des bains à venir.

La majorité éprouve les phénomènes que nous venons de signaler ; quelques privilégiés, qui restent à l'eau une heure ou deux sans aucun malaise, le doivent à la natation qui abrège la durée du premier frisson et retarde l'invasion du deuxième. Il en est au contraire chez qui l'impression pénible est poussée à l'extrême : ils sont en proie à une sensation de froid très vive qui leur arrache des cris, leur visage est violacé, leurs traits altérés profondément ; le second frisson apparaît très vite, quelques-uns même frissonnent tout le temps de leur séjour dans l'eau, d'où ils sortent grelottant, claquant des dents, très difficiles à réchauffer. Ces cas se produisent chez des nerveux, des gastralgiques, chez des malades retour d'une station thermale.

L'idiosyncrasie empêche quelques rares sujets de supporter

les bains de mer, malgré tous leurs essais d'accoutumance.

La deuxième période est *d'expansion ou réaction* : la peau se détend, se colore, se réchauffe, les spasmes disparaissent, la respiration devient large et facile, le pouls plein et moins fréquent. L'impression est générale de calme et de bien être. La concentration et la réaction sont d'autant plus fortes que la température de l'eau est plus basse, pourvu que le séjour y soit peu prolongé. Si la durée du bain est trop grande, un frisson secondaire apparaît et à nouveau la concentration l'emporte.

En résumé, l'action du bain de mer est d'abord sédative et déprimante (influence propre du froid), puis l'organisme réagit, et en fin de compte le bain est tonique et stimulant La réaction, phénomène essentiellement vital et donc variable selon les sujets, ne laisse pas toutefois que de subir l'influence des lames et des sels marins dont l'excitation se traduit par des picotements surtout aux endroits où la peau est mince.

Nous croyons bien faire en donnant ici une page de Peter : « Le merveilleux de cette médication, c'est de transformer un fait physique en fait vital. Le fait physique est le contact de l'eau sur la peau ; le fait vital est ce qui se passe aussitôt après dans l'organisme. Et d'abord impression produite et sur les nerfs sensitifs propres de la peau, et sur les nerfs sensitfs des vaisseaux de la peau : puis transmission simultanée de cette impression au cerveau et à la moelle par le premier ordre de nerfs, au grand sympathique par les autres (vaso-moteurs). Et voilà la totalité du système nerveux mise en branle par le simple contact d'un liquide à une température différente de celle de notre revêtement cutané. L'organisme se défend contre la soustraction de calorique qui lui est faite ; il est stimulé par le choc exercé sur lui, c'est la réaction.

» Après l'innervation, deux grandes fonctions sont immédiatement modifiées : circulation et respiration. La contraction des petits vaisseaux cutanés retentit de proche en proche sur le cœur dont les battements sont plus énergiques. L'émotion ressentie, physique et physiologique à la fois, provoque des inspirations plus profondes et plus rapides ; l'air pénètre jusqu'aux dernières vésicules des poumons. Excitation nerveuse, circulation plus active, hématose plus parfaite, l'organisme est excité de toutes parts. »

EFFETS PHYSIOLOGIQUES MÉDIATS OU CONSÉCUTIFS

Au bout de quelques jours, la majorité des baigneurs éprouve une lassitude générale, un accablement du corps et de la pensée, une paresse grande à se mouvoir, de l'engourdissement, de la somnolence pendant le jour, surtout après les repas ; la nuit, le sommeil est plus profond et plus lourd que de coutume. Mais, en peu de temps, la régularisation de la réaction se parfait, et tous ces phénomènes pénibles disparaissent ; l'appétit augmente, la digestion est plus facile, la respiration plus ample, la circulation plus large, le teint plus animé, le corps plus vigoureux et plus agile. Une impression définitive s'établit de bien-être physique et moral.

ACCIDENTS

Eliminons les courants et les sables mouvants qui n'existent pas à Roscoff, nous y trouvons les autres causes d'accidents des bains de mer : l'imprudence de nageurs qui s'en vont au loin et, fatigués, à bout de forces, coulent à pic si une barque hospitalière ne se trouve pas à portée : l'apparition de crampes, nausées, palpitations, congestions, syncopes, attaques d'apoplexie, tous accidents prévenus en partie par les baigneurs précautionneux.

INCONVÉNIENTS ET DANGERS

La réaction dont nous avons parlé plus haut ne s'établit pas chez tous les individus. Les enfants surtout doivent être,

d'une façon continue, surveillés au point de vue de l'excitation cérébrale et des fonctions digestives ; au bord de la mer,
ils deviennent souvent taquins, turbulents, irascibles ; d'autres sont sujets à des embarras gastriques, diarrhées, névralgies, arthralgies ; d'autres à des démangeaisons et des
éruptions (prurigo, urticaire, furoncles).

Chez les adultes, on peut observer des étouffements, de la
douleur précordiale avec battements de cœur, des troubles
digestifs, de l'insomnie, des cauchemars, des rêves érotiques,
de l'irritation vésicale, des sueurs , des accès pyrétiques
éphémères. Assez souvent les femmes accusent de la sensi-
bilité des mamelles, de l'utérus et des ovaires, des douleurs
du col. L'indisposition la plus fréquente est la céphalée, si
commune chez les arthritiques, les pléthoriques, où elle se
traduit par des lourdeurs de tête avec gonflement des yeux,
par une douleur nuchale chez les femmes, les gens faibles et
délicats.

INDICATIONS

Au point de vue hygiène, par leur influence sur la croissance et la puberté, les bains de mer ont un rôle considérable. Il n'existe pas de médication reconstituante plus énergique, il n'en est pas qui réunisse autant d'éléments propres
à réparer les forces des enfants débilités par la croissance ou
la maladie, qui soit mieux appropriée aux besoins divers de
leurs frêles organismes. Les bains de mer sont, pour les
classes aisées de la société, le complément obligé de l'éduca-
tion physique de tous les enfants.

Nous n'énumérons pas les nombreuses maladies justiciables des bains de mer. Qu'il nous suffise de dire que dans
tous les cas non cités dans le paragraphe suivant, ils jouent
un rôle au moins d'adjuvants nutiles, sinon de curateurs
directs. Quelques médecins prescrivent toujours une cure
marine après une station thermale pour chlorose, tuberculose,
scrofule, rhumatisme.

CONTRE-INDICATIONS

On doit éviter les bains de mer froids aux âges extrêmes de la vie, chez les enfants au-dessous de trois ans et chez les vieillards, surtout s'ils sont sujets aux vertiges et aux congestions. Dans les cas de grossesse, on doit être prudent, l'avortement étant possible.

Enfin, l'emploi des bains de mer froids est prescrit dans les anévrismes internes ou externes, l'athérome, l'angine de poitrine, les affections organiques des gros vaisseaux, les maladies du cœur, l'asthme, l'emphysème, l'albuminurie, les ophtalmies et les otites.

En terminant, citons l'emploi d'eau de mer en bains de siège, demi-bains, manuluves, pédiluves, pour congestions limitées et manifestations scrofuleuses.

Les affusions d'eau de mer, qui produisent une sensation de froid très vive et un saisissement général, ont été associées aux bains de mer contre la céphalée, l'hémicranie, l'hystérie, le rhumatisme articulaire.

Loin de la mer, Soubeyran essaya de la remplacer par des bains qu'il coufectionnait ainsi : il ajoutait 2.800 grammes de sel gris à un mélange de :

Sulfate de soude effleuri	545	grammes.
Chlorure de calcium sec	130	—
Chlorure de magnésium calciné	1037	—
Eau	100	litres.

Mais, outre un grand nombre d'autres sels et métaux qui existent dans la mer, il manque à cette ingénieuse composition la présence de matières organiques minérales et végétales, qui n'est pas indifférente dans la considération des vertus de l'eau de mer. Ce n'est pas en effet la seule richesse en sels qui fait la puissance d'une eau minérale, c'est son ensemble, ce composé chimique *vivant* qu'on ne peut réaliser d'une manière artificielle. Il manque encore aux bains de

Soubeyran cet élément de puissante excitation que nous avons vu constitué par les lames.

HYDROTHÉRAPIE MARINE ARTIFICIELLE

BAINS DE MER CHAUDS

L'eau de mer, avons-nous dit plus haut, agit par sa composition chimique ; le moment est venu de donner une analyse des eaux de la Manche ; nous l'empruntons à Schweitzer :

Chlorure de sodium....................	27gr·25
— potassium	0 70
— magnésium...............	3 60
Sulfate de magnésie....................	2 30
— chaux	1 60
Carbonate de chaux	0 03
Bromure de potassium	0 02
— sodium	0 45

35gr·950 (par litre)

Elle contient en outre des traces d'ammoniaque, de fer, d'iode, de manganèse, de borates, de silice, d'argent, de cuivre, etc. et une matière limoneuse phosphorescente d'origine animale et végétale.

Par l'évaporation d'un litre d'eau on obtient :

Eau de mer....... 31 gr. de résidu salin dont 24 gr. de sel marin

— Nauheim.. 17	—	—	14	—
— Kreusnach. 11	—	—	8	—
— Hombourg. 13	—	—	10	—
— Soden..... 14	—	—	11	—
— Balaruc... 9	—	—	6 à 8	—

L'eau de mer est donc la plus riche des eaux chlorurées sodiques en chlorure de sodium ; elle contient trois fois plus de chlorure de magnésium que Balaruc qui est parmi les sources salées la plus riche en ce principe.

Puisque l'eau de mer est le type des eaux chlorurées sodiques fortes, il est naturel qu'elle produise les mêmes effets que les autres sources du même genre ; naturel aussi de lui donner les mêmes applications.

Comme toute balnéation chlorurée sodique, l'eau de mer favorise les échanges gazeux, azotés, l'élimination des chlorures, l'oxydation des produits de désassimilation des matières albuminoides, effets qui s'accentuent encore après la cessation du traitement, ce qui s'explique mal sans une absorption cutanée de chlorure de sodium ; elle diminue, assez faiblement il est vrai, la production d'acide urique ; elle ralentit la désassimilation des tissus riches en phosphore et de ceux riches à la fois en phosphore et en azote, mais cette dernière influence ne survit pas à l'administration des bains.

Comme les eaux chlorurées sodiques, l'eau de mer sera indiquée : dans tous les états morbides avec hypoazoturie, avec amoindrissement des oxydations azotées ; dans les cas où il y aura lieu d'utiliser l'action d'épargne qu'elle exerce sur les tissus riches en phosphore et sur ceux riches à la fois en phosphore et en azote (lymphatisme, scrofule ostéo-articulaire, métrite chronique, rhumatisme torpide, goutte, obésité, anémies).

Comme à Bourbon-Lancy, Châtel-Guyon, Nauheim, Salies-de-Béarn, etc. (sources froides que l'on chauffe), on peut employer l'eau de mer à des températures diverses. De pareils bains existent dans l'établissement fondé par M. le Dr Bagot à Roscoff : l'eau pure est apportée par un conduit qui plonge directement dans la mer à 100 mètres de l'établissement. Après avoir été chauffée, elle sert telle ou mitigée par de l'eau douce, du son frais, de la gélatine, ou renforcée par les eaux-mères.

Ces bains chauds ont l'avantage d'être facilement modifiables dans leur composition chimique et leur thermalité, et de pouvoir s'administrer en tout temps, malgré les variation atmosphériques. Ils peuvent servir de bains de transitions pour les personnes délicates par un abaissement progressif jusqu'à 20° de leur température. Leur durée est de un quart d'heure à une demi-heure chez les enfants, d'une demi-heure à trois quarts d'heure chez les adultes.

Aux effets de la composition chimique s'ajoutent ici ceux de la thermalité. Dans les bains chauds, la période de concentration n'existe pas, la stimulation se maintient au lieu d'être remplacée par de la faiblesse. Ils produisent une sensation de bien-être, d'agréable lassitude, relèvent l'appétit, rendent le sommeil plus calme et plus profond, plus amples la respiration et les battements du cœur. Leur action irritante sur les extrémités nerveuses cutanées favorise l'élimination par la peau des acides urique, formique, butyrique, sudorique, des excréta des combustions vitales. La congestion cutanée qu'ils produisent diminue la pression interne des organes, d'où résorption plus facile des produits morbides. Les osmoses facilitées activent les sécrétions des glandes et les échanges qui se passent dans l'intimité des cellules, régularisant et tonifiant ainsi la circulation capillaire. Ils agissent donc sur la peau comme des révulsifs, avec cet avantage que, très légère, l'irritation cutanée peut se répéter et se graduer à volonté. Enfin l'excrétion de CO_2 est augmentée, les oxydations activées, et tous les échanges se font avec plus d'énergie.

Les bains de mer chauds sont indiqués aux âges extrêmes de la vie, chez les vieillards et chez les enfants de moins de trois ans ou qui, plus âgés, sont nerveux, malingres, sans réaction, et dépourvus de couche cellulo-adipeuse. Les douches et les bains froids, leur faisant perdre une trop grande quantité de chaleur vitale, occasionnent des perturbations réflexes de toutes les fonctions, d'où parfois congestions cérébrales, méningites, affections cardiaques et pulmonaires. Chez eux, sous l'influence des bains chauds, l'appétit augmente, l'assimilation se fait plus complète, l'acide urique diminue, tandis que l'excrétion de l'urée augmente ; le sommeil devient plus régulier, le développement est plus complet et plus normal des tissus musculaire, osseux et adipeux.

Les bains à 35°-38° conviennent aux personnes faibles, nerveuses, chez qui les combustions laissent beaucoup à désirer et qui fréquemment sont sous le coup de la diathèse urique par anémie et athrepsie. L'action tonique et sédative de la chaleur, calme chez elle l'éréthisme nerveux.

Aux obèses, aux rhumatisants, on prescrira des bains très chauds, 38°-45°, mais ils prendront soin de se mettre au lit sitôt après, une forte sudation étant très utile, surtout dans le cas de rhumatisme déformant.

L'influence des bains chauds est encore favorable dans la scrofule, l'arthritisme, la syphilis et la tuberculose.

Ils augmentent la tonicité des tissus et des parois des vaisseaux, provoquant ainsi une action réflexe dont l'effet sur le cœur est de ralentir et de renforcer ses battements. D'où indications dans les maladies infectieuses, inflammatoires du cœur, et dans celles de ses lésions organiques qui ne contre-indiquent pas formellement le traitement marin.

Dans les maladies des femmes, les bains de mer jouent un rôle très efficace. Un bain d'eau de mer à 40° pris chaque soir pendant vingt minutes est excellent contre les bouffées de chaleur et les transpirations nocturnes de la ménopause. Ces troubles sont dus à ce que la pression sanguine s'élève toujours un peu après la suppression des règles ; provoquant la dilatation des vaisseaux périphériques, la chaleur du bain abaisse cette pression. Une série de vingt-cinq bains suffit en général à faire cesser tous les troubles. Les inflammations péri-utérines, les métrites, les ovarites et salpingites chroniques sont aussi justiciables de ce traitement. Les fibromes et les fibro-myomes diminuent de volume en même temps que cessent les hémorragies et les phénomènes de compression et d'irritation de voisinage qu'ils provoquaient. Enfin les métrorragies accompagnées d'anémie et de faiblesse générale sont très heureusement influencées par les bains d'eau de mer chauds.

BAINS D'EAUX-MÈRES

Dans les marais salants, sous l'influence des rayons solaires pendant les chaleurs de l'été, l'eau de mer s'évapore, dépose le sel commun (sel gris), et dans les dernières cases ou œillets il reste un liquide nommé *eau-mère* qui est ainsi une sorte d'extrait concentré d'eau de mer. Cette eau-mère est un liquide lourd, d'apparence huileuse, d'une odeur forte de plantes marines, contenant dans d'énormes proportions tous les sels marins et, en outre, une quantité considérable de matières organiques qui donnent au liquide sa couleur rougeâtre.

Des eaux-mères salées peuvent également être obtenues par l'évaporation des diverses eaux chlorurées sodiques françaises et étrangères, mais les eaux-mères de provenance marine sont les plus minéralisées.

Voici, d'après le docteur Coudré, l'analyse d'un litre d'eaux-mères marines du Croisic (celles employées à Roscoff) :

Chlorures de sodium et autres	331,19
Sulfates, bromures, iodures	23,659
Silice, matières organiques	3,22

c'est-à-dire environ dix fois la richesse de l'eau de mer ordinaire.

On a poussé plus loin la concentration et obtenu, sous le nom de *sels de Thalassa*, un produit desséché, sorte de sel anhydre, qui contient par kilogramme :

Chlorures divers	790 grammes
Sulfates, bromures, iodures	200 —
Silice, matières organiques	10 —

Ces analyses expliquent l'effet puissant que l'on obtient en ajoutant à l'eau de mer ces produits artificiels plus ou moins condensés.

D'après le docteur Robin, le bain salé augmente d'autant plus les échanges azotés qu'il est plus fortement minéralisé.

Au bout de quelques jours, les enfants eux-mêmes supportent des bains très concentrés (250 à 300 grammes de sels par litre) et les effets reconstituants et résolutifs sont en rapport avec la salure du bain.

Les effets des eaux-mères se résument ainsi : stimulation puissante de la nutrition, action résolutive remarquable amenant la diminution des inflammations chroniques et la résorption des exsudats.

Ces propriétés spéciales expliquent l'utilité de ces bains dans le lymphatisme, les anémies diverses, les engorgements ganglionnaires ou viscéraux, les associations du rhumatisme et du lymphatisme (hydarthrose chronique, etc.).

L'excessive énergie des eaux-mères exige qu'on les dose suivant les cas, qu'on les approprie aux susceptibilités individuelles ; on obtient ainsi les effets les plus variés.

DOUCHES

A l'Institut marin de Roscoff, l'eau destinée aux douches est puisée directement dans la mer et lancée dans un réservoir à air comprimé où l'on obtient une pression de 30 à 35 mètres, qui peut être réduite à zéro par un jeu de robinets ; la température est variable à l'aide d'un mélangeur. Le doucheur est à 4 mètres du douché ; il peut modifier à sa guise : la composition de l'eau, la force de percussion, la température, la forme du jet (lance, jet brisé, pluie), la durée de la douche.

La douche agit par des milliers de réflexes jusque dans l'intimité des tissus, stimulant l'assimilation quand elle est languissante et ramenant l'équilibre dans les fonctions organiques troublées. Elle produit une perturbation nerveuse et circulatoire dans l'individu tout entier, atteignant les organes profonds et leurs fonctions, rompant ainsi l'habitude morbide créée par les maladies chroniques.

La douche chaude élève toujours la température centrale, d'autant plus que sa durée a été plus longue et l'eau plus chaude. Après la douche, un état stationnaire se produit, puis se fait un retour graduel, très lent, à la température initiale. Ces oscillations thermiques sont bien plus prononcées si un exercice musculaire énergique a précédé et suivi la douche. Au contraire, l'inaction consécutive entraîne un abaissement au-dessous de la normale de la température du corps.

Très utiles au point de vue hygiénique, elles sont encore indiquées dans la chlorose, les diverses anémies, les névroses, le rhumatisme, la péricardite, etc., etc.

Quelques précautions à observer, surtout dans les douches froides : un exercice assez énergique doit suivre et précéder ; on ne doit pas prolonger la douche jusqu'au deuxième frisson, car il se produit alors une déperdition calorique considérable.

Enfin chez certains sujets des suffocations très gênantes se produisent ; leur conseiller de fermer la bouche et de respirer par le nez.

BAINS DE SABLE CHAUDS OU ARÉNATION

On les a employés avec succès dans la scrofule, les contractures musculaires, le rhumatisme chronique.

A Dresde, Leipsig, Lavey, on les emploie à 45°, souvent 60°-65°, température facilement supportée, car le sable ne cède sa chaleur que graduellement et favorise la sudation (rhumatisme déformant, sciatique, goutte, synovite fongueuse).

On s'en sert à 50° dans la syphilis du foie, les hydropisies, où les sueurs abondantes qu'ils provoquent font disparaître les dernières traces d'ascite.

BAINS DE VASE

Non plus que les précédents, nous ne les avons vus employés à Roscoff. Ils sont très en vogue en Suède. Les frictions de vase agissent d'une façon mécanique et par leurs propriétés chimiques, ferrugineuses et alcalines. Les bains de vase sont révulsifs, toniques et altérants. Certains les emploient comme complément des traitements minéraux.

CHAPITRE III

______

OBSERVATIONS

I. Affections articulaires diverses d'origine rhumatismale ou goutteuse.

Dans ces affections parvenues à l'état chronique, quand persistent des douleurs articulaires vagues, sourdes, erratiques, avec de temps à autre exacerbations aiguës, sans fièvre, le traitement par l'eau de mer chaude, sous forme de bains ou de douches, est très efficace. On y adjoint avec avantage quelques bains de vapeur, mais les premiers en général suffisent.

Obs. I. — Mme A..., trente ans. Femme d'un cultivateur aisé. En proie depuis plusieurs années à des douleurs rhumatismales. Pendant l'hiver de 1899 présente des manifestations articulaires subaiguës affectant tantôt les genoux, tantôt les poignets, dont les articulations sont gonflées et douloureuses. Les nuits sont mauvaises, agitées, les mouvements constamment douloureux ; pas de fièvre habituelle; légère anorexie; cependant l'état général reste assez bon. La douleur la plus pénible siège à la nuque, occupe les articulations des premières cervicales et rend les mouvements de la tête presque impossibles. Mme A... tient la tête immobile et ne peut trouver de position la nuit sur son oreiller. Cet état se prolonge plusieurs mois, ne se laissant pas modifier par le traitement classique : salicylate de soude, sulfate de quinine, applications locales de salicylate de méthyle et de gaïacol.

Vers la fin de mai 1900, ne constatant aucune amélioration par le traitement précité, elle veut tenter de la médication marine. Elle prend un bain de mer chaud quotidien à 38° pendant vingt minutes, et par semaine une douche d'eau de mer chaude; toute autre médication, interne et externe, est supprimée. En quelques jours, le gonflement avait disparu, les douleurs étaient calmées, les mouvements des articulations, surtout ceux de la tête, rétablis, et la malade quitta Roscoff complètement remise. L'hiver suivant se passa sans crise rhumatismale; en 1901, elle revint prendre une série de bains de mer chauds, mais par prudence, car elle n'avait eu à subir aucun retour offensif de ses rhumatismes. Actuellement, septembre 1902, elle continue à se très bien porter.

Obs. II. — M. de T..., soixante ans. Antécédents goutteux et rhumatismaux. Toutes les articulations des membres inférieurs sont atteintes, la marche est très pénible, les douleurs articulaires existent même au repos. Les articulations sont peu gonflées, mais il y a de l'empâtement et des déformations osseuses. Les mouvements sont en partie conservés, mais limités. Le traitement, commencé en juillet 1900, consiste en douches chaudes d'eau de mer sur tout le corps, précédées d'une douche très chaude en pluie sur les articulations du cou-de-pied qui sont très douloureuses. Ce traitement est suivi pendant un mois; on y adjoint deux ou trois bains de vapeur. Le malade, peu après la fin de son traitement, marche plus vite et plus longtemps sans souffrir; l'hiver se passe sans crise douloureuse et la marche s'améliore de jour en jour.

Depuis 1900, il n'a pas réitéré le traitement, mais l'amélioration a persisté, s'est même accentuée, et le malade est enchanté du résultat.

Nous pourrions citer plusieurs autres cas ressortissant de la goutte ou du rhumatisme qui ont été traités avec des résultats analogues. Mais il serait fastidieux de répéter des observations qui, toutes, se ressembleraient plus ou moins. Dans tous les cas, on obtient la diminution ou la suppression des douleurs, un retour de la souplesse des articulations dû à la disparition de l'empâtement, la suppression ou l'atténuation considérable des crises douloureuses auxquelles les malades étaient sujets tous les hivers; enfin, la possibilité pour eux de continuer leurs occupations toute l'année, alors qu'auparavant ils passaient des semaines dans l'inaction forcée.

Les névralgies d'origine rhumatismale, spécialement la sciatique, sont aussi améliorées par ce traitement. Dans tous les cas, l'eau de mer chaude, au même titre que toutes les eaux chlorurées sodiques, montre une réelle efficacité.

Le mode d'application qui semble donner les meilleurs résultats est le suivant : deux ou trois fois par semaine, bain à 38° durant dix à quinze minutes, puis on amène rapidement la température à 40° pendant cinq minutes ; le malade quitte alors la baignoire, on lui passe sur tout le corps une éponge imbibée d'eau froide, puis on l'enveloppe d'un peignoir chaud et il s'habille rapidement. L'action sur les douleurs est rapide ; peu à peu l'engorgement péri-articulaire disparaît, les mouvements deviennent plus faciles, contribuant à leur tour à ramener la forme des parties en activant la circulation par une sorte de massage naturel. Quelques bains de vapeur pris de temps en temps activent et complètent la guérison.

Avant d'employer de hautes températures et surtout la brusque transition du chaud au froid, il faut examiner avec soin le cœur de son malade et étudier sa résistance à ce point de vue en faisant plus courtes les premières applications, sinon on peut s'exposer à provoquer des étourdissement ou des syncopes.

II. Anémies diverses.

Le traitement par l'air marin et l'hydrothérapie marine est excellent dans presque toutes les anémies symptomatiques, mais surtout dans la chlorose des jeunes filles, l'anémie consécutive aux hémorragies abondantes (métrorragies) ou aux maladies infectieuses.

Obs. III. — Mlle B..., quatorze ans, non encore réglée ; a toujours été d'une santé délicate. Au commencement de l'hiver 1901 elle fut atteinte d'influenza grave avec congestion pulmonaire. Après la chute de la température, au lieu d'entrer rapidement en convalescence, elle reste sans force, sans appétit, conservant un teint pâle, de l'essoufflement au moindre effort, une grande facilité à s'enrhumer. Cet état dura tout l'hiver malgré l'emploi successif d'arsenicaux, quinquina, amers, ferrugineux. De plus l'enfant est menacée d'une déviation vertébrale, se voûte, semble se tenir debout avec peine. On ne constate aucun symptôme de tuberculose ; dans la famille, qui habite au bord de la mer, pas d'antécédents tuberculeux. Malgré ces conditions favorables l'état reste stationnaire. Le printemps n'ayant amené aucune amélioration, Mlle B... est soumise au traitement marin pendant le mois de juin 1902 : aération nocturne, séjour sur une chaise longue sur la grève, bains quotidiens d'eau de mer chaude, que l'on remplace bientôt par des douches chaudes. Une amélioration se produit et à mesure qu'elle progresse, on abaisse la température de l'eau jusqu'à la douche froide en jet brisé avec pression de 30 mètres. L'état général subit un changement rapide : en quelques jours l'appétit se relève, les forces reviennent ; des exercices de gymnastique suédoise très fatigants autrefois sont désormais bien supportés, le teint se colore ; autrefois apathique et fatiguée au moindre effort, Mlle B... court et joue sur la grève ; la taille se redresse. En un mois transformation complète : la malade retourne chez ses parents avec un teint de santé, ayant retrouvé la gaîté, l'entrain et la vivacité de son âge. Tout l'été elle prend des bains de mer, reste tout le jour au grand air, et supporte parfaitement des fatigues pour lesquelles autrefois la réaction lui manquait.

Ce n'est pas ici le changement d'air qui est en cause curatrice, puisque Mlle B... se trouvait chez elle dans les mêmes conditions climatériques qu'à Roscoff. Le résultat obtenu est dû à l'application de l'hydrothérapie marine.

III. Congestion du foie.

Obs. IV. — Mme D..., soixante-deux ans. Arthritique. A eu autrefois deux crises passagères de colique hépatique. Mauvaises digestions habituelles. En 1899 a fait une saison à Vichy. Personne très sobre, d'une vie très régulière. Examen en septembre 1900. La malade est en proie à des troubles digestifs très pénibles, caractérisés par de l'anorexie, de la lenteur des digestions, des malaises vagues et indéterminés. L'estomac n'est pas dilaté, l'intestin ne présente pas de signes objectifs bien nets. Il y a un peu de constipation habituelle, mais les matières sont bien colorées. Rien dans les urines. Le foie est volumineux, un peu sensible, dépassant de 6 à 8 centimètres le rebord des fausses côtes ; le bord antérieur du foie est un peu émoussé, régulier, sans bosselures, de consistance ferme sans être ligneuse.

Pendant le mois de septembre 1900, elle suit le traitement marin : séjour prolongé dans une cabine sur la plage, bains chauds d'eau de mer alternés avec des douches chaudes. Régime approprié : peu de féculents, pas de corps gras ni de liquides alcoolisés ; un purgatif salin par semaine. A la fin du mois l'amélioration est considérable de l'état général et des digestions ; le foie ne dépasse plus les fausses côtes que de 2 à 3 centimètres.

L'hiver 1900 qui suit se passe admirablement ; Mme D... qui avait renoncé à une vie active reprend toutes ses occupations. Elle continue chez elle le régime et le purgatif hebdomadaire. En juillet 1901, elle vient passer trois semaines à Roscoff ; son état s'est maintenu très satisfaisant depuis l'année précédente. Elle suit le même traitement, avec adjonction d'un bain de vapeur par semaine. A son départ l'amélioration s'est encore accentuée ; on ne sent plus le foie à la palpation, les fonctions digestives s'exécutent très bien, à condition de surveiller un peu le régime alimentaire.

En août 1902, elle revient à Roscoff, mais ne se fait pas traiter, assurant qu'elle a passé un excellent hiver et qu'elle se porte à merveille. A l'examen plus aucun signe objectif du côté de l'estomac, des intestins ni du foie.

IV. Entérite chronique.

Obs. V. — M. du V..., quarante-cinq ans.

Antécédents héréditaires. — Nuls.

Antécédents personnels. Histoire de la maladie. Etat actuel. — Jusqu'à vingt-deux ans, santé excellente. A cet âge apparait une irritabilité du caractère accompagnée de digestions pénibles ; le médecin consulté prescrit des vomitifs qui à chaque vomissement provoquent une émission de bile. Jusqu'à l'âge de trente-deux ans le malaise s'accentue peu à peu, le caractère s'aigrit davantage, les indigestions deviennent plus fréquentes et de durée plus longue. A trente-deux ans, la constipation devient habituelle ; inappétence, pyrosis apparaissant le soir après dîner et durant de neuf heures à minuit. Après minuit, sommeil assez bon. A trente-cinq, trente-six ans, perte des forces, insomnies, cauchemars, phobies (cheval, voiture, chemins de fer, rasoir), cercle d'angoisse autour de la poitrine. Le malade prend du bicarbonate de soude, s'abstient de tout alcool ; au lieu de s'améliorer l'état s'aggrave, des étourdissements de longue durée se produisent. Le médecin prescrit de la limonade chlorhydrique puis, constatant de l'hyperchlorhydrie à l'analyse du contenu stomacal, fait cesser la limonade et ordonne une purge tous les matins. Pas de résultats : digestions de plus en plus difficiles, insomnies très fréquentes, cauchemars, étouffements, accentuation des phobies. Il y a six ans son médecin lui conseille de s'envelopper le soir dans un drap mouillé pendant quelques minutes, puis de porter nuit et jour une serviette mouillée autour du corps. Cette réfrigération est suivie de résultats heureux, d'atténuation des troubles divers.

En juillet 1900, le malade vient à Roscoff ; à l'examen, on constate de l'amaigrissement général, les traits sont tirés, le teint légèrement plombé, jaunâtre, mais sans ictère vrai. Rien aux poumons ni au cœur. Le ventre présente un peu de ballonnement dans le flanc droit ; la palpation fait reconnaître une dilatation moyenne de l'estomac qui atteint l'ombilic ; dans la région cæcale, vaste poche donnant à la percussion et à la succussion un glou-glou aussi net que dans un estomac dilaté rempli à moitié de liquides et de gaz ; l'S iliaque est sténosée, formant un cordon dur, sensible, que l'on suit depuis le rebord costal jusqu'au petit bassin.

Le malade a de mauvaises digestions, une constipation opiniâtre qui l'oblige à prendre tous les matins de l'huile de ricin ; de temps en temps crises aiguës d'entérite caractérisées par de violentes douleurs et des selles abondantes répétées, liquides, contenant une grande quantité de mucosités et de fausses membranes. Ces crises durent parfois cinq à six semaines avec des alternatives de mieux et de pire et laissent à leur suite un affaissement profond. Elles se renouvellent deux ou trois fois pendant l'hiver, sont moins fréquentes en été.

Pendant son séjour à Roscoff, en 1900, le malade fut soumis au traitement suivant : douches froides deux fois par jour avec percussion forte ; le jet est promené, à peine brisé, sur l'abdomen pendant quelques minutes. On apprend au malade à vider tous les soirs sa poche cæcale par des pressions méthodiques. Exercice régulier, régime varié, pas trop sévère. En deux mois amélioration considérable : l'état général est relevé, l'appétit est bon, les digestions régulières, les selles ont lieu tous les matins sans purgatifs ; les idées noires disparaissent, le caractère se modifie. L'hiver qui suit est bien meilleur que celui de 1899 : les crises d'entérite sont moins longues, moins violentes et plus rares.

Revient en 1901 à Roscoff ; encore quelques troubles fonctionnels, mais bien moins prononcés qu'en 1900 ; la poche cæcale est moins vaste, moins gargouillante. Le même traitement renouvelle l'amélioration et donne pour l'hiver 1901 les mêmes résultats, pendant lequel le malade, autrefois annihilé, peut s'occuper de ses affaires et se livrer à la chasse.

En juillet et août 1902, on ne constate de symptômes au cæcum qu'à la suite d'excès de régime.

Le traitement par les douches froides d'eau de mer amène un état très satisfaisant au point de vue physique, intellectuel et moral.

Obs. VI. — Lucien B... Antécédents héréditaires nuls.

Antécédents personnels. Histoire de la maladie. — Né en décembre 1899, élevé par une bonne nourrice. Première enfance absolument normale, tant au point de vue de l'apparition des dents, fermeture des fontanelles, marche, que du développement général. Sevrage à douze mois. Alimentation normale et très surveilllée. Tout se passe d'une façon très régulière jusqu'en juin 1900 ; Lucien B... est un très bel enfant, plutôt au-dessus de la normale.

Fin juin 1900 apparaissent des signes de gastro-entérite dont la cause est attribuée à l'ingestion de fraises et aux fortes chaleurs de l'été. L'affection se traduit par des selles fréquentes, trois ou quatre par jour, liquides, rapidement jaunâtres, puis blanchâtres, mélangées à des mucosités, parfois vertes ; leur odeur devient assez rapidement fétide. Cet état persiste malgré le traitement institué dès le début : régime lacté, purgatifs, bismuth, acide lactique. Fin juillet, les selles prennent un caractère différent : elles sont moins fréquentes, mais d'aspect plus mauvais, le mucus, les glaires sont plus abondants, leur odeur est fétide, la couleur grisâtre ; avant de les rendre, l'enfant est pris de coliques dont il n'est débarrassé qu'après l'évacuation des matières. En même temps apparaissent des symptômes généraux : affaiblissement général plutôt marqué par de l'affalement, de la blancheur des téguments qui sont devenus moins fermes que par de l'amaigrissement qui ne fut jamais très prononcé. Le petit malade refuse de marcher et se plaint de douleurs de tête dans la région frontale (ce signe a duré jusqu'en septembre puis a disparu). Sueurs fréquentes et abondantes. Devant cet ensemble de symptômes qui n'ont jamais été accompagnés de fièvre on se demande si l'on n'assiste pas à une poussée de rachitisme au début. Traitement institué : alimentation lactée, jaunes d'œufs ; phosphate de chaux, bains salés chauds et frictions, séjour en plein air. Cette situation dure jusqu'en octobre 1900 ; ce n'est qu'alors que les signes qui pouvaient faire craindre l'apparition du rachitisme ont rétrocédé ; mais les selles sont demeurées inégalement bonnes, toujours plus ou moins fétides, et l'état général, bien que meilleur, n'est jamais revenu à la normale ; l'aspect des téguments a gardé cette teinte blafarde dont nous avons parlé plus haut. Rien aux ganglions ; le foie ni la rate n'ont jamais présenté d'hypertrophie. L'urine, parfois trouble et souvent fétide en août, septembre, octobre, a repris ensuite ses caractères normaux.

En 1901 et jusqu'en août 1902, l'état local et général a eu des intermittences, bénéficiant de périodes d'amélioration succédant trop rarement à des périodes mauvaises.

Examen actuel. — En juillet 1902, l'état est caractérisé par la coloration blafarde des téguments, leur consistance molle, une fatigue générale, des selles mal liées, jamais moulées, fétides, peu fréquentes et un ballonnement abdominal moyen. Fin juillet l'enfant traverse une période très aiguë qui arrive rapidement à de l'anorexie complète, au ballonnement très marqué, à la tristesse, l'abattement, aux insomnies. Il arrive en cet état à Roscoff le 4 août 1902.

On institue le traitement suivant : bains quotidiens d'eau de mer chaude additionnés de 5 litres d'eaux-mères, léger massage vibratoire sur l'abdomen, aération continue sur la plage ; on supprime tout traitement interne. Le résultat est rapide : en moins de huit jours les selles diminuent de nombre et augmentent de consistance, leur couleur se modifie. Cette amélioration locale entraîne un meilleur état général. L'enfant, jusqu'ici apathique, ne demandant qu'à rester couché dans un coin, dormant mal la nuit, commence à jouer et à courir ; le sommeil revient, l'appétit est impérieux et demande à être réfréné ; on peut ajouter au régime alimentaire des poissons et du poulet sans aucun inconvénient. L'amélioration suit une marche graduelle et les tissus, flasques auparavant, reprennent leur fermeté. Le 12 septembre, après un mois de bains, on soumet l'enfant à des douches chaudes quotidiennes qui accentuent encore l'amélioration.

V. Tuberculose pulmonaire.

Dès la plus haute antiquité on appliqua l'hygiène à la cure de la tuberculose pulmonaire. Hippocrate recommandait un exercice modéré. Arétrée, Celse, Galien, Avicenne prônèrent tour à tour l'influence heureuse de l'air marin, des montagnes, des forêts de sapin.

Plus près de nous Fallope, Van Elmont, Willis, Boerhaave, Huffeland, Laënnec plaidèrent les uns pour la mer, les autres pour la montagne.

On sait les progrès de la climatothérapie au siècle dernier et les cures heureuses de Davos, de la Côte d'Azur, de Madère, d'Arcachon, etc, etc.

Mais si le traitement hygiénique eut toujours des partisans, il eut aussi des adversaires, parmi lesquels J.-B. Fonssagrives qui considérait l'air du littoral préjudiciable aux tuberleux sur toutes les côtes et toutes les latitudes ; mais il basait son dire sur les vicissitudes atmosphériques incessantes du littoral, base erronée puisque l'un des caractères du climat marin est la constance de sa température.

Après lui Verhaeghe établit sur des statistiques précises la rareté de la tuberculose pulmonaire au bord de la mer. A ce sujet Calmettes nous apprend qu'à Belle-Isle-en-Mer la tuberculose était inconnue il y a vingt ans, et Lindsay nous donne le très significatif tableau que voici :

Sur 1000 pêcheurs..........	108	succombent à la tuberculose		
— merciers............	167	—		—
— peintres	301	—		—
— couteliers	371	—		—
— fabricants de limes..	435	—		—
— potiers	473	—		—

Ce n'est pas à dire que tout habitant des côtes est inoculé contre la terrible maladie. Ce qui se passe en Bretagne en est la preuve, où la phtisie exerce plus de ravages que le fameux alcoolisme. Mais quelle que soit l'excellence du climat, il ne peut réduire à néant les autres influences hygiéniques : alimentation mauvaise, insuffisante, exiguïté des logements ; des familles entières, et les familles bretonnes sont en général nombreuses, s'entassent parfois dans une seule pièce basse, étroite, mal aérée. La fréquence de la tuberculose en Bretagne n'est donc pas une objection à l'influence heureuse de son climat ; elle s'explique très bien par la pénurie extréme dans laquelle végètent nombre d'habitants de ce pays.

Nous donnons quatre observations de tuberculose pulmonaire traitée à Roscoff; nous les ferons suivre de quelques considérations.

Obs. VII. — W. J..., vingt-cinq ans.

Antécédents héréditaires. — Père et mère vigoureux cultivateurs. Frères et sœurs bien portants ; un frère mort à vingt-neuf ans de tuberculose, suite de bronchites mal soignées.

Antécédents personnels. — Pendant son service militaire, à vingt-trois ans, fut atteint d'une pleurésie gauche dont il ne s'est jamais bien remis. De retour à la maison il aide ses parents aux travaux des champs, mais sa santé reste chancelante; il dépérit, maigrit beaucoup, ne mange pas et est en proie à des quintes d'une toux sèche et très pénible.

Examen. Traitement. — Homme de haute taille, mais très amaigri, au teint blafard. Respiration un peu obscure du côté anciennement pleurétique, un peu rude sous la clavicule gauche. Pas de déformation thoracique; les côtes se soulèvent symétriquement des deux côtés pendant les mouvements respiratoires. Tous les autres organes sont sains. Il arrive à Roscoff à la fin de juillet 1900; le traitement consiste en aération continue et deux douches par jour d'eau de mer froide. Rapidement l'appétit se relève, les forces reviennent, la toux disparaît et à son départ de Roscoff W. J... avait repris son embonpoint et l'aspect de bonne santé qu'il avait avant sa pleurésie. Depuis l'amélioration s'est maintenue et J... dit ne plus ressentir aucun malaise.

Obs. VIII. — Mme B..., quarante-cinq ans. Encore réglée.

Antécédents personnels. — Malade depuis de longues années d'une pyélo-néphrite; a eu autrefois à droite un point de congestion pulmonaire qui avait disparu sans laisser de traces, mais elle en fut reprise à la suite d'une influenza grave pendant l'hiver de 1901 et traîna plusieurs mois sans pouvoir se remettre.

Examen. Traitement. — En juillet 1901, état général mauvais, figure émaciée, traits tirés; l'auscultation fait entendre sous la clavicule droite et dans la fosse sous-épineuse du même côté un souffle rude de congestion avec quelques gargouillements. Toux et expectoration modérées. Pas de fièvre. L'aération continue est appliquée avec une, parfois deux douches chaudes par jour. En un mois l'état général est amélioré: les forces et l'appétit sont revenus, le souffle du sommet persiste, mais beaucoup moins rude et les gargouillements ont disparu. C'est surtout l'état général qui semble avoir bénéficié du traitement: l'aspect de la malade est transformé, et seule l'auscultation permet de se rendre compte des lésions qui persistent atténuées. Néanmoins le résultat acquis se maintient et l'hiver se passe sans encombre, Mme B... pouvant même se livrer à ses occupations au dehors. Elle revient en juin 1902 dans un état plus satisfaisant que l'année précédente, mais encore un peu pâle et fatiguée. A l'auscultation, un souffle rude sans râles. Le même traitement produit à nouveau le relèvement de l'état général.

En somme, on a obtenu que la lésion pulmonaire passe à l'état latent, compatible avec une survie prolongée.

Obs. IX. — M. G.., cinquante et un ans.

Antécédents héréditaires. — Nuls.

Antécédents personnels. — Fièvre muqueuse à dix-huit ans. Depuis rien sauf quelques maux de gorge et quelques rhumes. En 1886, trois crachats sanglants. Crache un peu le matin.

Histoire de la maladie. — En 1900, congestion au poumon gauche et point pleurétique axillaire. Amaigrissement rapide, affaiblissement, anorexie; crachats nombreux. Depuis plusieurs années, sujet à des bronchites persistantes.

Examen. Traitement. — Malade très amaigri, sans forces, au teint pâle, dyspnée habituelle qui se change en oppression pénible au moindre effort.

Examen de la poitrine. Inspection : Amaigrissement très marqué.

Percussion : En arrière, matité de la moitié inférieure des deux poumons ; en avant, submatité aux sommets.

Auscultation : A droite en avant, gros râles, gargouillements au sommet ; en arrière, petits râles serrés, fins, dans toute la moitié supérieure. A gauche, rien en avant ; en arrière, quelques gros râles au sommet ; une bouffée de râles plus fins au milieu.

Expiration rude, écourtée. Expectoration très abondante. Toux fréquente. Insomnie. Pas de fièvre. Douleurs généralisées. Sans grand espoir on institue le traitement marin : aération continue, deux douches chaudes par jour. Les premières sont pénibles, produisent de la dyspnée, de la suffocation, sont suivies de crachats sanguinolents. Mais au bout de deux jours le malade y est fait, il se sent plus dispos, devient impatient d'être douché. La respiration est bientôt plus facile, les douleurs diminuent. Ce traitement au bout d'un mois a relevé l'appétit, les forces et le poids (de 127 à 137 livres), diminué notablement l'oppression, l'expectoration, la toux, l'insomnie. Les symptômes objectifs persistent, mais un peu diminués : les gargouillements surtout moins forts et moins nombreux. On a donc obtenu au moins un arrêt momentané dans la marche rapide de l'affection.

Obs. X. — M. G.., soixante ans.

Antécédents héréditaires. — Père mort à quarante-cinq ans, mère à soixante et onze ans de bronchite. Deux sœurs mortes de tuberculose à quarante ans environ ; un frère mort de maladie nerveuse, un autre marié, bien portant, père d'un enfant qui se porte très bien.

Antécédents personnels. — Santé excellente jusqu'à dix-sept ans ; à cet âge une hémoptysie abondante suite de grandes fatigues. Cette hémoptysie fut suivie d'un affaiblissement assez prononcé et d'un enrouement qui depuis n'a jamais disparu. Aucun traitement. Dès cette époque rhumes fréquents, toux ordinaire, non douloureuse ; pas de crachats. Ces rhumes ne sont jamais soignés. A vingt-cinq ans, typhoïde grave dont la convalescence fut longue et pénible. A trente-trois ans, à la suite d'une grande fatigue, extinction de voix, toux et crachats fréquents, affaiblissement, amaigrissement, anorexie. Traine ainsi cinq ou six mois, consulte un médecin qui diagnostique des cavernes dans les poumons et ne cache pas au malade son état presque désespéré ; séjour à Cauterets ; pas d'amélioration, extinction de voix persiste (juillet). En septembre suivant, état très grave : anorexie complète, toux très pénible, faiblesse, grande maigreur. Le malade consulte le docteur Cras, qui prédit une terminaison fatale au bout d'un mois par la tuberculose pulmonaire et lui conseille de faire son testament. M. G... s'accorde alors un repos complet, mais sans prendre autre chose que du goudron et de l'huile de foie de morue. Il traine ainsi pendant neuf mois puis fait à Cauterets un second séjour qui donne de très bons résultats : la voix est revenue, la toux moindre, et M. G... peut se remettre à ses occupations. A trente-huit ans, hiver de 1881, bronchite qui n'a pas du tout été soignée. En 1883, troisième séjour à Cauterets qui remonte un peu le malade. Depuis 1883, toux continuelle, crachats peu fréquents, appétit moyen ; M. G... a toujours depuis lors vaqué à ses occupations. Plusieurs saisons à Cauterets, la dernière en 1900. Depuis deux ans aucun traitement, sauf de temps à autre un peu d'huile de foie de morue.

Examen. Traitement. — Arrivé à Roscoff, le 20 août 1902. Homme très bien conservé pour son âge, muscles en très bon état, pas d'amaigrissement, visage assez pâle. Appétit moyen, artères souples, cœur et autres appareils normaux.

Appareil respiratoire. Voix enrouée, voile du palais un peu pâle.

Examen de la poitrine : Inspection : Pas d'amaigrissement.

Palpation : Vibrations diminuées aux sommets, normales aux bases.

Percussion : Submatité aux sommets, surtout en avant.

Auscultation : En avant, quelques râles humides, craquements nombreux aux sommets. Aux bases, inspiration rude, expiration prolongée. Au sommet droit, son presque amphorique. En arrière, mêmes signes à peu près, mais moins prononcés.

L'examen bactériologique décèle quelques rares bacilles.

Le malade prend deux douches d'eau de mer chaude par jour, puis au bout de dix jours des douches écossaises, la partie chaude étant relativement longue, le jet froid brisé très court rapidement promené sur tout le corps en terminant par les membres inférieurs. Ce traitement amène une amélioration nette de l'état local et de l'état général. Les signes fournis à l'auscultation sont atténués, mais ce qui est surtout à noter c'est le relèvement de l'état général : M. G... est très dispos, mange très bien, dort à merveille et se dit enchanté des effets produits par la médication marine.

Quelles conclusions tirer de ces observations? Dans les cas que nous avons cités on ne peut nier que le traitement marin ait donné de bons résultats, mais il ne réussit pas aussi bien chez tous les sujets. En général, la tuberculose est d'autant plus réfractaire au traitement marin qu'elle est plus avancée, que le malade est plus jeune et qu'il a de la fièvre. La tuberculose fébrile des enfants semble être une contre-indication formelle. De même la tuberculose des adultes qui s'accompagne de fièvre, d'émaciation, d'affaiblissement marqué, et à laquelle la cure marine donne en général un coup de fouet. Au contraire, le traitement marin donne de très bons résultats chez les sujets jeunes, prédisposés à la tuberculose, mais ne présentant pas encore de symptômes physiques bien nets; chez les adultes dont la tuberculose affecte une forme torpide, sans fièvre, compatible avec une longue survie comme le prouve l'Observation X. Il semble qu'on doive surtout se guider sur l'état général et avoir grand espoir en la cure marine si le malade n'est pas émacié, affaibli. Dans bien des cas, les signes fournis par l'auscultation feraient pronostiquer une terminaison fatale à brève échéance, alors que l'état général est celui d'un homme qui se porte bien. Or, au point de vue de la survie, c'est surtout ce dernier que l'on doit considérer.

Dans ces derniers cas on peut donc assurer au malade que le traitement marin va rapidement modifier sa santé, le rendre plus puissant pour combattre sa maladie. En réalité, l'influence est assez médiocre sur l'état local, qui ne se modifie que lentement et dans des limites restreintes, mais l'appétit et les forces reviennent, l'insomnie disparaît, les fonctions digestives, cutanées, rénales, s'accomplissent mieux, tous effets de nature à enrayer la maladie et à permettre une survie de plusieurs années.

Comment agit la cure marine dans la tuberculose? L'air marin, par sa densité, sa pureté, son humidité, ses émanations salines, facilite la respiration qui devient plus facile et plus profonde. L'humidité favorise l'expectoration, rend la toux moins pénible; l'aération nocturne abaisse la température, diminue la fréquence du pouls. Dans les cas favorables, les fièvres de tuberculisation et de suppuration se calment rapidement; si elles résistent, le pronostic est très grave. Quant aux fièvres de surmenage, la cure d'immobilisation les évite naturellement.

Les bains et douches d'eau de mer chaude stimulent les nerfs cutanés, attirent vivement le sang à la peau, et dégagent d'autant les organes internes. Cette action est fort importante : en effet ce qui, dans les deux premières périodes de la tuberculose, produit le ramollissement des tubercules, la fièvre, les hémoptysies, c'est la congestion du poumon ; il est donc excellent de la prévenir ou de la combattre, et c'est là le rôle de l'hydrothérapie.

Quand les malades ont bien supporté les douches chaudes, on peut leur donner quelques bains de vapeur qui produisent une réaction encore plus intense, surtout si on les fait suivre d'applications froides.

A quels accidents la cure marine peut-elle exposer le tuberculeux? Nous avons dit la fièvre. Restent les hémoptysies; elles sont excessivement rares à Roscoff. Le docteur Chiaïs, de Menton, nous donne la raison de cette rareté : pour lui, en effet, les hémoptysies ne se produisent que lorsque le malade est exposé aux coups de vents froids, surtout aux vents d'Est, et quand l'air trop sec renferme une quantité de vapeur d'eau dont la tension est inférieure à 5 millimètres.

Un dernier point reste à traiter : c'est l'emploi de la *cure active* dans la tuberculose pulmonaire. Par cure active nous entendons tout exercice fait au grand air. Nous n'avons malheureusement pas trouvé à Roscoff de cas ainsi traité. Mais nous avons entendu un médecin raconter le cas d'un tout jeune homme nettement tuberculeux chez qui un séjour de quelques mois sur une plage de Normandie amena une guérison complète. Au lieu d'employer la cure d'immobilisation, il passait ses journées à courir les grèves, à faire du canotage, de la photographie. Il serait intéressant d'étudier cette cure en contradiction avec celle du repos forcé qui est partout en honneur. D'ailleurs l'exercice n'est dangereux dans la tuberculose que parce qu'il peut causer une courbature fébrile et que chez de tels malades toute fébricité est à redouter. On peut toujours permettre un peu d'exercice à un tuberculeux n'ayant pas plus de 37°, à condition de n'arriver pas à la fatigue.

VI. Maladies du cœur.

Avant de citer les observations que nous avons recueillies, nous allons donner quelques réflexions empruntées à M. Huchard et à M. Piatot (Thèse de Paris 1898).

Dans la préface de cette thèse M. Huchard s'exprime ainsi :

« Dénonçons l'erreur de ceux qui, à la recherche de la disparition ou de l'atténuation d'un souffle valvulaire, ont recherché la pierre philosophale de la cardiothérapie et affirmé imprudemment la guérison de maladies de cœur en quelques semaines ou quelques mois.

» Parler ainsi, affirmer que l'ingestion d'une eau minérale ou non dissout mystérieusement exsudats valvulaires et scléroses artérielles, c'est promettre plus qu'on ne peut tenir, annoncer une chose le plus souvent impossible, se rendre coupable d'une grave erreur de thérapeutique qui naît d'une ou plusieurs erreurs de diagnostic.

» On doit bien se garder de confondre une guérison apparente et transitoire avec une guérison réelle et permanente, une guérison fonctionnelle avec une guérison anatomique...

» *Ce qu'il faut chercher dans le traitement des cardiopathies par les eaux minérales :*

» Par leur composition chimique, une action résolutive, diurétique, parfois laxative;

» Par leur thermalité, une action révulsive qui favorise la circulation périphérique.

» *Ce qu'il faut chercher dans une station hydro-minérale pour cardiopathies :*

» Le repos du corps et de l'esprit, car le cœur physique est doublé d'un cœur moral; le repos de la pharmacie.

» *Ce qu'il faut éviter :*

» Une excitation par des eaux trop minéralisées, des eaux chlorurées sodiques trop fortes, des eaux sulfureuses, de hautes altitudes.

» *Ce qu'il faut craindre :*

» Le danger d'un traitement hydro-minéral intensif appliqué à des cardiopathes trop excitables ou arrivés à une période d'asystolie très avancée, et surtout à des malades dont l'affection du cœur était ignorée. »

Les effets des bains minéraux sur les maladies du cœur sont les suivants :

Action sur la circulation. — Il se produit d'abord, mais passagèrement, une vaso-constriction de la peau, puis une réaction vaso-dilatatrice qui amène de l'hyperhémie périphérique et de l'anémie des organes internes. Ils augmentent la sudation et la diurèse.

Dans les bains gazeux, CO_2 excite la peau, les systèmes vasculaire et nerveux, fait baisser les pulsations de 6 à 12 par minute.

Action sur la nutrition. — Ils favorisent les oxydations et les éliminations.

Dans quels cas peut-on appliquer ces bains? Ils peuvent être employés à titre prophylactique par les parents goutteux ou rhumatisants avant la procréation. Ils éloignent ou font disparaître les chances d'un accès de rhumatisme aigu, préviennent les lésions possibles des valvules. Ils ont une action favorable sur la convalescence du rhumatisme, surtout chez les enfants, pour faire disparaître les dépôts endocarditiques. Mais ils ne peuvent rien contre une lésion constituée et ne doivent plus alors viser que les troubles qu'elle a provoqués du côté des poumons, du foie ou des reins. A ce titre ils ont d'heureux effets dans les cardiopathies en voie d'évolution, mais seulement dans la période latente (eusystolie), ou celle de compensation normale ou exagérée (hypersystolie). Ils sont excellents contre les troubles fonctionnels du cœur, chez les pseudo-cardiaques qui sont des neurasthéniques ou des neuro-arthritiques, contre les arythmies nerveuses, réflexes, toxiques.

On doit être prudent, et mieux vaut s'abstenir, dans les cas de cardiopathies artérielles, de dilatation de l'aorte, d'angine coronarienne. Les bains minéraux sont aussi contre-indiqués au cours d'une endocardite ou d'une myocardite; enfin M. Huchard conseille de les cesser dans les cardiopathies valvulaires dès que se produisent des œdèmes périphériques, de la congestion hépatique, des accidents pulmonaires ou rénaux (période d'insuffisance, d'asystolie).

Enfin le traitement hydro-minéral ne doit pas s'employer seul, mais avec des adjuvants qui sont : faible altitude, climat tempéré, régime alimentaire, sol perméable, massage et gymnastique, suppression de longs voyages.

Pour ce qui est du climat marin, Peter l'admettait pour les cardiaques; Constantin Paul trouvait l'atmosphère marine utile, mais supprimait les bains de mer; pour M. Huchard, le climat marin est préjudiciable aux cardiopathies artérielles, mais peut être permis aux cardiopathies valvulaires bien compensées.

Obs. XI. — Mlle R..., quinze ans et demi. Réglée depuis dix-huit mois. Atteinte il y a deux ans de rhumatisme articulaire aigu violent ; depuis cette époque, elle en a eu plusieurs atteintes et on a constaté il y a quelques mois une affection du cœur.

Août 1902. Grande, maigre, le teint très pâle, elle ne souffre plus de ses rhumatismes depuis le mois de mai, mais au moindre effort est très péniblement essoufflée. Elle ne peut ni courir ni marcher contre le vent; très nonchalante, pas d'appétit. Tous les organes sont sains, sauf le cœur.

Examen du cœur. Inspection : Pointe un peu abaissée et légèrement déviée en dehors.

Auscultation : Quelques pulsations irrégulières. A la pointe, souffle systolique très intense couvrant le premier bruit et se propageant vers l'aisselle. Ce souffle ne change pas de place et ne se modifie en rien par les variations de position de la malade.

Traitement : Aération continue, bains de mer chauds à 36°, alternés avec des douches chaudes, en jet brisé, très fortement percutantes sur les membres inférieurs. Au bout de huit jours, l'appétit revient, la pâleur disparaît, l'état général s'améliore ; Mlle R... peut marcher plus vite et plus longtemps. Elle quitte Roscoff à la fin du mois, guérie de son anémie d'origine rhumatismale, mais conservant un souffle aussi rude et aussi intense qu'à l'arrivée. L'amélioration de l'état général a amené une meilleure nutrition du cœur, la compensation se fait mieux, l'essoufflement et les palpitations, très faciles autrefois à provoquer, ne surviennnent plus que sous l'influence d'efforts violents.

Obs. XII. — M. M..., cinquante-six ans.

Antécédents héréditaires. — Père mort à cinquante-trois ans. Avait une hypertrophie du cœur. Mère morte. Un frère et une sœur bien portants.

Antécédents personnels. — Santé excellente jusqu'à l'âge de cinquante et un ans, sauf à quarante-huit ans une bronchite légère. A toujours fumé moyennement.

Histoire de la maladie. — A cinquante et un ans, il est pris brusquement d'une crise d'étouffements et de palpitations qui dure pendant trois mois, avec des mieux et des pires ; œdème des membres inférieurs et commencement d'ascite. Digitale et régime lacté produisent une amélioration qui dure quatre ou cinq mois, puis nouvelle crise qui s'est répétée de temps à autre ; à chaque fois, digitale et régime lacté. Il y a deux ans, secousse très forte : oppression intense, très pénible, avec palpitations violentes même au repos. En même temps, crises néphrétiques ; le malade rendait des graviers de 4 à 5 millimètres de diamètre.

En été 1900, un peu de dyspnée habituelle, sensible quand il parle et augmentant dans les efforts. Santé excellente par ailleurs. Rien aux poumons. Rien au foie. Pas d'albumine. Le cœur est très irrégulier, tant au point de vue du rythme qu'à celui de l'intensité. Arythmie complète. Pas de souffle appréciable. 120 battements au moins par minute et une bonne partie n'est pas sentie au pouls. Traitement hygiénique et un peu de digitale de loin en loin.

En été 1901. Arythmie toujours la même, sinon plus considérable. Impossible d'entendre aucun souffle. Œdème à la base des poumons, aux malléoles ; légère congestion du foie ; albuminurie par congestion passive. Dyspnée considérable, permanente, s'aggravant par le mouvement et donnant lieu la nuit à des crises très pénibles qui entraînent l'insomnie.

Purgatif : L gouttes d'une solution de digitaline au 1/1000. Traitement marin : Pendant les huit ou dix premiers jours, un bain de mer chaud à 38°, suivi d'une vigoureuse friction à l'eau de Cologne, puis bains et douches alternés. Dès les premiers jours, la diminution de la dyspnée est suffisante pour permettre le repos la nuit. Peu à peu, les phénomènes de congestion du poumon, du foie et des reins, disparaissent. Quand le malade quitte Roscoff, il a l'apparence d'une bonne santé ; son arythmie n'est guère modifiée, mais il n'a plus que de la dyspnée d'effort, encore est-elle peu prononcée.

De 1901 à 1902, il se livre à des occupations assez fatigantes. Il se purge une fois par mois et le lendemain prend 1 milligramme de digitaline. Nous le voyons en septembre 1902 ; il y a un an qu'il n'a pas suivi de traitement marin. Le sommeil et l'appétit sont très bons, les selles régulières. L'arythmie est considérable ; faux pas du cœur de temps en temps. Pas de souffle appréciable, pas de frémissement cataire. Pas d'œdème malléolaire ni pulmonaire ; un peu d'œdème prétibial et de congestion du foie. Rien dans les urines. Dyspnée habituelle ; mais, au dire du malade, moins forte qu'il y a un an, avant le traitement marin.

Dans les affections du cœur, on peut s'adresser à l'organe central, soit directement (digitale), soit indirectement, en activant la circulation périphérique. C'est par ce dernier mécanisme qu'agissent les bains, douches, massages, frictions. Théoriquement, plus le bain pourra être supporté chaud et plus il sera salé, plus l'effet d'expansion périphérique, et par suite de dégagement des organes internes, sera puissant. Mais en pratique, le bain devra osciller seulement entre 36° et 38° ; au-dessous, il est trop frais et peut augmenter les congestions internes ; au-dessus, surtout à 40°, il détermine une excitation vasculaire et nerveuse intense qui retentit sur le cœur et peut donner lieu à des accidents. Parfois cependant, vers la fin du bain, on peut porter la température à 40°, mais pendant une ou deux minutes seulement. Quant à la salure du bain, nous croyons qu'on ne doit pas tellement redouter la minéralisation forte ; on peut employer l'eau de mer pure, voire, après quelques essais, additionnée d'eaux-mères. La durée maxima du bain est de vingt à vingt-cinq minutes. Enfin, la friction vigoureuse qui suit, faite sur tout le corps avec un gant de crin imbibé d'eau de Cologne, produit un afflux intense du sang à la peau. Immédiatement après le bain, le malade ressent une sensation de bien-être considérable, le pouls devient plus lent, plus souple, la respiration plus lente et plus profonde. Cet effet dure quelque temps ; répété tous les jours, il produit une meilleure nutrition et une meilleure innervation du cœur lui-même, d'où augmentation directe de sa force, disparition des congestions passives, amélioration générale.

CHAPITRE IV

EAU DE MER A L'INTÉRIEUR

Malgré que ce dernier chapitre ne contienne rien de personnel, nous le donnons, car sa place est tout indiquée dans un travail qui veut être complet sur le traitement marin.

Chez les Grecs, l'eau de mer entrait dans la composition d'un vin purgatif ; dans le même but on l'associa aussi à du miel, *thalassomeli*.

A Rome, un poète-médecin, Quintus Serenus Samonicus, exalte ses vertus dans les maladies articulaires chroniques.

Plusieurs siècles plus tard, au XVIIIᵉ, Russell l'emploie contre toutes les manifestations de la strume.

Prise en petite quantité, l'eau de mer stimule l'estomac, augmente l'appétit, facilite la digestion, tous effets qu'explique naturellement la présence du chlorure de sodium. Puis, absorbée, elle agit sur la nutrition générale : élève la température, active la circulation, favorise l'élimination de l'urée.

A dose élevée (300 à 400 grammes) l'eau de mer est un purgatif salin par son chlorure de sodium et surtout son chlorure de magnésium. Et ce purgatif a l'avantage de pouvoir s'administrer à doses très considérables pendant longtemps, sans guère s'accompagner d'accidents, sauf parfois quelques nausées.

Dans le même ordre d'organes d'excellents résultats ont

été fournis par l'eau de mer comme anthelminthique, surtout contre les ascarides. Le lavement d'eau de mer est un très bon évacuant, et les douches ascendantes ont heureusement agi dans des cas de constipation opiniâtre.

L'eau de mer prise à l'intérieur a-t-elle une action sur l'appareil respiratoire? D'après Knopf, l'absorption d'eau de mer rend la toux moins pénible, augmente les sécrétions bronchiques, facilite l'expectoration et améliore l'état général dans la tuberculose pulmonaire. Non que le chlorure de sodium possède une action antibacillaire directe, mais, augmentant la liquéfact'on du tissu pulmonaire dégénéré, il devient un adjuvant précieux pour l'élimination des substances toxiques. Drozda, de Vienne, dit avoir ramené à la normale, par l'administration abondante de sel marin, des ganglions tuberculeux hypertrophiés.

A la dose de 60 grammes matin et soir, l'eau de mer produit dans toutes les manifestations scrofuleuses des effets stimulants et altérants. C'est surtout à ce titre qu'on l'emploie aujourd'hui.

Le docteur Macario la conseille dans les fièvres intermittentes rebelles et dans la cachexie paludéenne.

Citons encore les cas suivants où l'eau de mer en boisson a produit des résultats plus ou moins heureux : les engorgements du foie, de la rate, la jaunisse opiniâtre, un grand nombre d'affections cutanées, enfin la période asphyxique du choléra pour y obtenir la réaction.

En terminant, rappelons son application comme collyre dans certaines ophtalmies et dans l'inflammation des glandes de Meibomius, en injections dans divers écoulements par le nez, le vagin et les oreilles.

CONCLUSIONS

1° Tout aussi bien qu'Arcachon et que la Côte d'Azur, les plages de la Manche peuvent se prêter à une cure des tuberculeux, sauf à modifier bien des détails dans l'hygiène et l'administration du traitement.

2° Plusieurs autres affections chroniques : anémies, goutte, rhumatisme, congestion du foie, entérites, maladies de cœur sont justiciables du traitement marin en diverses applications.

3° Au point de vue social, la création de sanatoria marins sur tous les points du littoral est à souhaiter. Grand nombre d'indigents, habitants des côtes, pourraient être soignés, améliorés, guéris à peu de frais, alors que l'éloignement et la cherté de vie des établissements thermaux du centre ne leur permettent pas l'espoir de s'y rendre jamais.

Vu et approuvé :
Le Président de la Thèse,
X. ARNOZAN.

Vu : *Le Doyen,*
B. de NABIAS.

Vu et permis d'imprimer :
Bordeaux, le 21 janvier 1903.
Le Recteur de l'Académie,
G. BIZOS.

INDEX BIBLIOGRAPHIQUE

Annales de la Société d'hydrologie. 1860.

Annales de médecine navale. *Passim.*

Archives générales de médecine. 1863.

BEAULAVON. — Traitement de la tuberculose pulmonaire dans les sanatoria. Thèse de Paris 1896.

BROCHARD. — Des bains de mer chez les enfants.

BROCHET. — Considérations sur les bains de mer. Thèse de Paris 1838.

Bulletin de l'Académie Royale de médecine de Belgique. 1858.

Concours médical, de Paris. 1882.

BOSIA (H. DE). — Traitement des maladies du cœur et des vaisseaux par la balnéation thermale chlorurée gazeuse. 1895.

CAUDRÉ (G. DE). — La mer chez soi.

FÉLIX (G.). — Note sur l'emploi thérapeutique de l'eau de mer chauffée.

FLEURY (L.). — Traité thérapeutique et clinique d'hydrothérapie.

FONSSAGRIVES (G.-B.). — Traité d'hygiène navale.

     —   Traité de thérapeutique appliquée.

Gazette des Hôpitaux. 1881.

Gazette hebdomadaire de médecine et de chirurgie, 1861.

Gazette médicale de Paris, 1888.

HUCHARD. — Sanatoria. Les cardiaques aux eaux minérales (*In Journal des Praticiens*, décembre 1897).

KNOPF. — Les sanatoria. 1900.

LALESQUE. — Cure marine de la tuberculose pulmonaire. 1899.

La thérapeutique nouvelle par les agents physiques et naturels.

Lyon médical. Passim.

Macario. — Hydrothérapie. Guide des baigneurs.

Mémoires de l'Académie de médecine. Tome XX.

Piatot. — Traitement des maladies du cœur par l'hygiène et les agents physiques. Thèse de Paris 1898.

Revue d'hygiène et de police sanitaire. Paris 1890.

Revue théorique et pratique des maladies de la nutrition

Union médicale. 1862.

Bordeaux. — Imprimerie du Midi, P. Cassignol, 91, rue Porte-Dijeaux.